La Libre Pensée

INTELLECTUELLE, MORALE, SOCIALE

TOME III

CONGRÈS

DE

l'Association Nationale des Libres Penseurs de France

Tenu à Paris

14 et 15 Juillet 1907

PARIS

LIBRAIRIE DE « LA RAISON »

5, Place de l'Odéon

1907

La Libre Pensée

INTELLECTUELLE, MORALE, SOCIALE

TOME III

CONGRÈS

DE

l'Association Nationale des Libres Penseurs de France

Tenu à Paris

14 et 15 Juillet 1907

PARIS

LIBRAIRIE DE « LA RAISON »

5, Place de l'Odéon

1907

LA LIBRE PENSÉE

Intellectuelle, Morale, Sociale

Congrès de l'Association Nationale des Libres Penseurs de France

Tenu à Paris les 14 et 15 juillet 1907

L'Association Nationale des Libres Penseurs de France a tenu, en préparation des travaux du Congrès International de la Libre Pensée qui a eu lieu à Prague (septembre 1907), un congrès national les 14 et 15 juillet, à la Salle des Fêtes de la Mairie du Xe arrondissement de Paris.

Ce congrès fut organisé conformément au règlement établi. (Voir *Libre Pensée intellectuelle, morale, sociale*, t. II.)

SÉANCE D'OUVERTURE

Le congrès s'ouvrit dimanche matin, 14 juillet à 9 h. 1/2, sous la présidence de M. FERDINAND BUISSON, président d'honneur, qui en exposa le but et en indiqua le programme. Au lendemain de la Séparation des Eglises et de l'Etat, la Libre Pensée doit faire une action nouvelle et faire passer la séparation de la loi dans les mœurs. Le congrès aura pour principale tâche d'étudier les modes d'action nécessaires.

1

M. Victor Charbonnel, secrétaire général, fit remarquer que l'Association s'efforce, chaque année, de substituer aux réunions publiques tumultueuses que deviennent trop souvent les grandes assises de la Libre Pensée, de véritables congrès savants, où l'on discute dans le calme et où l'on travaille avec ordre et méthode.

Les lettres d'excuse et de sympathie sont lues ensuite et particulièrement celles de MM. Georges Trouillot, sénateur du Jura ; Maurice Allard, député du Var; J.-L. Breton, député du Cher; Chauvière, député de la Seine ; Devèze, député du Gard ; Hugon, député du Cantal, Alexandre Bérard, député de l'Ain; Lucien Cornet, député de l'Yonne; Cornand, député de l'Isère ; Fournier, député du Gard ; Poulain, député des Ardennes ; de M. Manau, ancien procureur général à la Cour de cassation, etc., etc.

M. Gustave Hubbard dit que la Libre Pensée a fait jusqu'à présent une besogne redoutable de criticisme et de destruction ; elle devra désormais faire œuvre affirmative et constructive. Une des tâches les plus importantes du congrès sera de rédiger une Déclaration de principes qui pourra être lue au nom de la Libre Pensée.

Trois commissions sont ensuite formées :

1º Commission de la SÉPARATION ; président, M. Buisson ;
2º Commission de l'ENSEIGNEMENT ; président, M. Beauquier ;
3º Commission de la PROPAGANDE ; président, M. Hubbard.

Ces commissions se réunissent aussitôt pour étudier les questions suivantes :

1º *Séparation des Églises et de l'État en France et en Europe ;*
2º *L'Enseignement laïque et la Libre Pensée ;*
3º *Libre Pensée dans la famille.*

PREMIÈRE SÉANCE PLÉNIÈRE

Lundi matin, 15 juillet, les commissions continuèrent leurs travaux commencés la veille.

A 10 heures, sous la présidence de M. Beauquier, eut lieu la première séance plénière. Le rapport de M. Buisson sur la SÉPARATION, exposé historique et juridique de la loi française de 1905, fut adopté après une discussion à laquelle prirent part MM. Hubbard, Charbonnel, John Labusquière, Leclerc de Pulligny, etc.

Le Congrès reprit la motion déjà votée par l'Assemblée générale de l'Association, relative à la libre disposition des églises pour toutes les réunions éducatives.

Plusieurs délégués insistèrent sur la nécessité de compléter la Séparation légale par la Séparation morale des Eglises et de la Famille. Un effort de propagande devra être fait dans toutes les sociétés de Libre Pensée, pour l'abandon des pratiques et cérémonies religieuses.

On passa donc à la discussion de la deuxième question : *L'Enseignement laïque et la Libre Pensée.*

Pour arracher les familles à la domination cléricale ou à la routine confessionnelle et rituélique, les libres penseurs doivent d'abord avoir et énoncer une RÈGLE MORALE.

M. Albert Bayet, au nom de la commission qui l'avait voté, lut le rapport dont nous publions intégralement le texte.

LA MORALE LAÏQUE

PAR ALBERT BAYET

La commission, dont ce rapport résume les travaux, a essayé d'indiquer le point de vue auquel nous devons nous placer pour examiner et pour discuter les questions morales d'une façon purement rationnelle.

Les trois points qu'il nous a paru important de mettre en lumière sont les suivants :

1° Les libres penseurs doivent opposer aux morales confessionnelles, une morale purement laïque ;

2° Les libres penseurs ne doivent pas opposer dogme à dogme et catéchisme à catéchisme ;

3° Les libres penseurs doivent opposer au catéchisme catholique une conception scientifique et positive de la morale.

I. — NÉCESSITÉ D'OPPOSER AUX MORALES CONFESSIONNELLES UNE MORALE PUREMENT LAÏQUE

Le progrès des idées et des mœurs a peu à peu fait disparaître, en Europe, un grand nombre des prescriptions consacrées par le christianisme au moyen âge. La philosophie du XVIIIe siècle a merveilleusement hâté ces disparitions.

Toutefois la tâche qu'elle nous a léguée est considérable. Aujourd'hui même, le catéchisme catholique continue à répandre, à imposer, surtout aux enfants et aux femmes, des préjugés et des maximes morales peu compatibles avec l'état présent de la civilisation, et que nous avons le devoir de combattre.

Veut-on des exemples ? Nos adversaires nous défient souvent d'en produire. Il nous suffit pour leur répondre, d'ouvrir le catéchisme du diocèse de Paris.

Ce petit livre contient un enseignement théologique et un enseignement moral.

Quelle est la *première* vertu qu'il recommande aux enfants ? La bonté ? La justice ? — Non, la première vertu est la FOI, et on pèche contre la vertu quand on doute volontairement de quelque vérité révélée.

Pour nous, la première vertu est la LIBRE RECHERCHE DE LA VÉRITÉ PAR LA RAISON ; et on pèche contre la raison quand on ne commence pas par douter de toute vérité soi-disant révélée.

La *seconde* vertu, dit le catéchisme, est l'ESPÉRANCE, par laquelle nous attendons de Dieu avec confiance sa grâce en ce monde et la gloire éternelle dans l'autre.

Pour nous, il n'y a d'autre espérance raisonnable que celle qui nous fait attendre de l'effort intelligent des hommes plus de justice et de bonheur terrestres.

C'est un *péché,* continue le catéchisme, de ne pas adorer Dieu, de ne pas assister à la messe, de ne pas honorer les saints.

Nous n'avons pas la sottise de tenir pour criminels ceux qui se soumettent à ces obligations ; mais nous estimons que la morale est étrangère aux dogmes et aux rites.

Les *inférieurs,* lisons-nous encore, doivent respecter leurs *supérieurs* et leur obéir.

Pour nous les hommes sont *égaux* et nul ne doit obéir qu'à la loi.

C'est une vertu, dit le catéchisme, que l'HUMILITÉ CHRÉ-TIENNE.

Pour nous, l'HUMILITÉ EST CHOSE MAUVAISE, principe de servitude. L'homme doit avoir conscience de ses forces et développer le plus largement qu'il pourra toutes les facultés qui sont en lui.

La VIRGINITÉ CHRÉTIENNE, dit le catéchisme, est l'état parfait.

Pour nous, le CÉLIBAT CHRÉTIEN EST CONTRAIRE A LA NATURE COMME A L'INTÉRÊT SOCIAL.

Il faut s'appliquer au *travail*, dit le catéchisme, dans un ESPRIT DE PÉNITENCE.

Pour nous le travail doit être la MISE EN ŒUVRE NORMALE ET JOYEUSE DES FACULTÉS QUI SONT EN NOUS.

Ce ne sont là que quelques exemples. Ils suffisent à montrer combien la morale chrétienne est contraire à nos idées et aux idées modernes. Lutter contre cette morale, chasser des consciences européennes non seulement les vieux dogmes, mais aussi les préceptes et les maximes qu'on y a fait pénétrer sous le couvert de ces dogmes, ce premier travail s'impose aux groupes libres penseurs dans tous les pays d'Europe.

II. — NÉCESSITÉ DE NE PAS OPPOSER AU CATÉCHISME CATHOLIQUE UN CATÉCHISME LIBRE PENSEUR

L'idée de dresser en face du *credo* catholique des commandements de Dieu et de l'Eglise, un *credo* et un catéchisme rationalistes, a été longtemps chère aux libres penseurs. Elle paraît cependant contraire à l'idée maîtresse de notre doctrine, qui fait de la libre recherche et du libre examen le principe nécessaire de toute croyance, morale ou autre.

Nous ne pouvons pas opposer catéchisme à catéchisme, pas plus que nous ne pouvons opposer dogme à dogme : une morale que nous aurions la prétention d'enseigner comme intangible et sacrée, que nous voudrions imposer à tous les libres penseurs, serait, quelle qu'en fût d'ailleurs la valeur propre, une *morale de servitude*.

En outre, bien des morales également affranchies de conceptions théologiques se disputent aujourd'hui autour de nous les consciences sociales : morale anarchiste, morale bourgeoise, socialisme, solidarisme, morales positiviste, syndicaliste, capitaliste, peuvent être au même degré dépouillées de tout alliage religieux.

Pouvons-nous, au nom de la libre pensée, élire l'une, éliminer l'autre ?

Ce serait supprimer, en fait, cette liberté de pensée que nous réclamons en droit.

Ce serait, par surcroît, trahir le caractère de notre société qui compte des représentants autorisés et convaincus de presque toutes ces doctrines, représentants qui, séparés, adversaires mêmes en dehors de notre Association, n'y sont réunis que par un principe : celui du libre examen et de la libre conviction.

III. — Nécessité d'opposer au catéchisme catholique une conception scientifique et positive de la morale

Mais, si nous ne pouvons formuler le catéchisme moral de la libre pensée, est-ce à dire que notre doctrine doive rester, sur ce point, toute stérile et négative ?

C'est à ce dilemme que nos adversaires se flattent de nous réduire.

Ou bien nous opposerons dogme à dogme, et nous trahirons le principe du libre examen.

Ou bien, respectant ce principe, nous n'émettrons aucune

idée précise, et nous ne réussirons pas à atteindre la conscience sociale qui ne peut vivre de négations.

L'objection serait valable, si la liberté de pensée devait totalement aboutir à l'indifférence et au scepticisme. Heureusement il n'en est rien : c'est la religion qui mène au scepticisme, en acculant la pensée au mystère. Mais la science est fille du libre examen ; elle est l'expression de la liberté, elle est la liberté elle-même. Car les vérités scientifiques ne nous sont pas imposées par une autorité extérieure ; c'est leur évidence, c'est notre raison, c'est nous-mêmes qui, librement, nous les imposons.

La science éclairera pour nous le champ des questions morales.

Irons-nous lui demander des prescriptions, des ordres, un Décalogue ? — Non, la science constate des faits, dégage des lois positives, mais n'ordonne rien.

Elle nous révèlera seulement que la morale d'un peuple, liée à l'évolution de ce peuple, doit naître et mourir avec lui, doit constamment s'adapter à lui.

Elle nous dira que le rêve chrétien d'une morale éternelle et universelle est un leurre, que nos idées morales se transforment sans cesse selon les milieux, et les époques, que nous devons nous-mêmes sans cesse aider à ces transformations en les adaptant plus étroitement aux circonstances, en éliminant celles qui sont usées, mortes ou mourantes, en propageant celles qui sont vivantes et fécondes, en aidant à se faire jour celles qui ont l'avenir pour elles.

Certes, ce travail, auquel la science nous convie, est un travail de longue haleine. Mais nous pouvons l'entreprendre avec le sentiment de rester fidèles à l'esprit de libre examen.

Et, pour éclairer par quelques exemples l'emploi d'une telle méthode, nous présentons au Congrès les formules suivantes qui nous semblent exprimer quelques idées

vivantes et fortes, adaptées à l'état présent de la civilisation. susceptibles de rallier tous les libres penseurs :

1° Nous ne devons pas accepter aveuglément des idées morales qu'on nous enseigne, mais les soumettre a l'examen libre et impartial de notre raison ;

2° Nous devons respecter la liberté d'autrui et ne jamais employer, pour convertir les autres a nos idées propres, d'autres armes que celles de la raison ;

3° Membres d'une société, nous devons, dans nos idées et notre conduite, limiter nos désirs et nos intérêts par ceux des autres hommes, nous efforcer d'associer leur destinée a la notre et vivre pour nous-mêmes en vivant pour autrui ;

4° Héritiers de la philosophie du XVIII° siècle, nous devons considérer les hommes comme égaux en droit et chercher les moyens de traduire cette égalité de droit en egalité de fait ;

5° Nés a une époque ou le développement de la grande industrie a donné une forme nouvelle aux vieux problèmes économiques et assujetti les travailleurs a la puissance du capital, nous devons, sans haine de personnes ni de classes, rechercher les moyens d'assurer l'émancipation matérielle de tous les hommes, condition indispensable de leur émancipation intellectuelle et morale.

ALBERT BAYET

MM. Hubbard et John Labusquière, rendirent hommage
à la netteté et à la précision du rapport de M. Albert Bayet ;
toutefois ils remarquèrent que le sentiment, l'émotion, qui
sont un élément indispensable de la vitalité morale y
étaient trop négligés ; la moralité laïque doit bien être fondée sur la raison, mais le cœur y a aussi sa part, qu'il ne
faut point méconnaître sous peine de sécheresse.

M. Hubbard proposa donc au Congrès, pour compléter
le rapport et les conclusions de M. Albert Bayet, la déclaration suivante :

DÉCLARATION

Présentée par GUSTAVE HUBBARD

———

Au milieu de la lutte universelle que se livrent toutes les forces aveugles de la nature, l'être humain ne peut compter que sur sa propre énergie et sur sa propre prévoyance.

Quand il est enfant, l'amour de ses parents le protège et lui permet d'atteindre au complet développement de ses forces et de la raison. Heureux, lorsque les sociétés de fait au milieu desquels il vit, famille, commune, associations, patrie, sont pénétrées de l'esprit d'amour et de solidarité, et viennent seconder par leurs lois les efforts d'éducation protectrice de ces parents ou suppléer à leur absence. Plus heureux encore, le jour où l'humanité elle-même saura remplir ces devoirs !

L'être humain doit donc se convaincre de cette pensée que c'est par un effort grandissant de bienveillance et d'amour que les hommes peuvent résister aux fléaux déchaînés de la nature.

La nature offre universellement le spectacle désolant de la force triomphante ; mais, dans son esprit, l'homme, issu de la longue évolution des êtres organisés, a conçu l'idée de JUSTICE et ressenti dans son cœur le tressaillement de L'AMOUR. Toutes les fibres de son être lui crient que le vrai bonheur naîtra du plein développement de cette idée de justice, du complet épanouissement de ces foyers d'amour : amour constant et sans limites du père et de la mère entre eux et pour leurs enfants ; amour respectueux de ceux-ci pours leurs auteurs ; amitié ferme et dévouée des membres de la même famille et des familles voisines ; amitié solidaire et courageuse des travailleurs de la même profession les uns pour les autres ; entr'aide loyale des nations formant la société universelle des peuples civilisés ; c'est-à-dire, en un mot, application vécue de cet impérieux et ardent mot d'ordre humain : VIVRE POUR AUTRUI.

L'expérience pratique, l'observation continue et patiente du monde est la seule origine de toute notre science. L'humanité s'est faite elle-même, et sa grandeur consiste à courber peu à peu la brutale nature au service de son idéal, idéal d'affection mutuelle et de progrès dans l'ordre et dans la justice.

La loi morale qui se transmet de génération en génération, perfectionnée et épurée, n'est donc pas une contrainte issue du caprice d'un maître et sanctionnée par d'abominables châtiments ; elle est, avec la voix de la conscience qui l'interprète, l'avertissement buriné par l'atavisme dans nos cerveaux, à la suite des dures épreuves de tous ceux qui avant nous ont lutté et souffert en se livrant à la douloureuse expérience de leurs passions et ont entrevu pour nous le chemin du bonheur.

Même lorsque cette loi morale invite aux sacrifices suprêmes, par les exemples magnifiques des héros de l'histoire, elle peut être suivie en toute confiance. La minute des sacrifices conscients procure au cœur humain un si fulgurant éclat de joie intérieur, que toutes les humbles jouissances de l'existence journalière lui apparaissent comme sans valeur.

D'ailleurs, les nobles sacrifices dictés au cœur par la clairvoyance de l'amour s'impriment profondément dans la pensée continue de l'humanité ; ils prolongent au delà de la mort, dans le souvenir de ceux qu'on a aimés et de leurs descendants, la trace durable de cette éphémère floraison qu'est la vie de l'être humain.

Gustave Hubbard.

Le Congrès vota le rapport de M. Bayet et la déclaration de M. Hubbard.

DEUXIÈME SÉANCE PLÉNIÈRE

La deuxième séance plénière eut lieu lundi 15, à 2 heures 1/2 de l'après-midi, sous la présidence de M. Beauquier, puis de M. le Dr Larroussinie, secrétaire de l'Association.

Le Congrès continua la discussion de la question de L'ENSEIGNEMENT LAIQUE.

Depuis plusieurs années déjà, les libres penseurs, et particulièrement nos collègues MM. Maurice Vernes, F. Buisson, Leclerc de Pulligny, demandent la création d'un enseignement de l'histoire des religions dans l'Université. Si l'école laïque doit exclure tout dogmatisme, tout confessionnalisme, cela n'implique pas l'ignorance des divers phénomènes religieux et des événements politiques et sociaux qu'ils ont déterminés.

En attendant cette organisation officielle, c'est à la Libre Pensée qu'il convient de faire cette œuvre éducative.

M. Maurice Vernes a présenté au Congrès, dans cet ordre d'idées, une très remarquable communication qui fut adressée, au nom de l'Association Nationale des Libres Penseurs de France. L'éminent professeur a voulu avertir scientifiquement les libres penseurs du mouvement d'idées qui trouble présentement le clergé instruit et ébranle l'Eglise.

DE L'ÉTAT PRÉSENT DE L'EXÉGÈSE BIBLIQUE

PAR MAURICE VERNES

Directeur d'Etudes à l'Ecole pratique des Hautes-Etudes

Qu'est-ce que l'exégèse biblique ? C'est, d'après le sens même de ce terme emprunté au grec, l'explication méthodique des livres sur lesquels l'Eglise fonde sa doctrine d'une Révélation céleste et par lesquels elle prétend justifier ses pouvoirs surnaturels. Cette définition, à elle seule, montre l'importance capitale du sujet dont je me propose de vous entretenir. Avec les livres de la Bible, dits les Saintes Ecritures, nous scruterons les assises profondes de l'édifice qui a donné abri pendant de longs siècles aux nations occidentales, tout particulièrement à notre propre pays ; nous éprouverons les fondements d'une doctrine qui, aujourd'hui encore, prétend s'imposer à la liberté de la recherche philosophique et historique, et la contraindre à accepter les cadres de la croyance traditionnelle.

Nous étudierons successivement, dans un exposé précis et appuyé directement sur les documents à la fois les plus authentiques et les plus récents : 1° les Principes de

l'exégèse biblique ; 2° l'Etat présent des questions principales que soulève l'étude critique des livres dits sacrés ;
3° les Conditions actuelles de l'Enseignement de l'exégèse
et, plus directement, quelle place il convient de réserver
dans notre pays à l'étude du judaïsme ancien et des origines chrétiennes.

I. — Les Principes de l'Exégèse biblique

*Le décret du Concile de Trente sur les Ecritures canoniques.
— Décret relatif à la traduction latine vulgaire, dite la
Vulgate. — Décisions du Concile du Vatican. — Lettre du
pape Pie X sur l'enseignement de l'Ecriture sainte. — Importance donnée à l'étude des langues originales. — La Commission des études bibliques au Vatican ; ses décisions relativement au Pentateuque. — Attitude des Eglises issues de
la Réforme du XVIe siècle. — Position du rationalisme.*

Nous nous trouvons, tout d'abord, en présence de l'E-
glise catholique, dont le siège est à Rome et qui s'exprime
par les décisions des Conciles ou par des instructions
émanant du Vatican.

Le premier document que je dois vous communiquer et
dont, en raison de son importante capitale, vous m'excu-
serez de reproduire de longs extraits, émane de ce fameux
Concile de Trente qui ramena définitivement l'ordre dans
l'Eglise catholique romaine, affaiblie par une succession
de schismes et de discussions intestines et ébranlée par
la grande crise de la Réforme protestante. Le « Décret des
Ecritures canoniques », voté dans la IVe session dudit
Concile à la date du 8 avril 1546, est ainsi libellé :

Le saint Concile de Trente, œcuménique et général,
légitimement assemblé sous la conduite du Saint-Esprit,

les trois mêmes légats du siège apostolique y présidant, ayant toujours devant les yeux de conserver dans l'Eglise, en détruisant toutes les erreurs, la pureté même de l'Evangile qui, après avoir été promis auparavant par les prophètes dans les Saintes Ecritures, a été ensuite publié, premièrement par la bouche de Notre Seigneur Jésus-Christ, Fils de Dieu, et puis par ses apôtres auxquels il a donné commission de l'annoncer à tous les hommes comme la source de toute vérité qui regarde le salut et le bon règlement des mœurs, et considérant que cette vérité et cette règle de morale sont contenues dans les livres écrits ou, sans écrit, dans les traditions qui, ayant été reçues par les apôtres de la bouche de Jésus-Christ même ou ayant été laissées par les mêmes apôtres, comme le Saint-Esprit les a dictées, sont parvenues comme de main en main jusqu'à nous ; le saint Concile, suivant l'exemple des Pères orthodoxes, reçoit tous les livres, tant de l'Ancien que du Nouveau Testament, puisque le même Dieu est auteur de l'un et de l'autre, aussi bien que les traditions, soit qu'elles regardent la foi ou les mœurs, comme dictées de la bouche même de Jésus-Christ ou par le Saint-Esprit et conservées dans l'Eglise par une succession continue, et les embrasse avec un pareil respect et une égale piété. Et, afin que personne ne puisse douter quels sont les Livres saints que le Concile reçoit, il a voulu que le catalogue en fût inséré dans ce décret, selon qu'ils sont ainsi marqués : De l'Ancien Testament, *Les Cinq Livres de Moïse, etc.*, (suit la liste des livres conformément à l'édition grecque de la Bible, dite Traduction des Septante — ou Soixante-dix — interprètes, en abrégé « la Septante ») : — du nouveau Testament, *Les quatre Évangiles, etc.* (suit la liste traditionnelle).

Que si quelqu'un, continue le Décret, ne reçoit pas pour sacrés et canoniques tous ces livres entiers avec tout ce qu'ils contiennent, tels qu'ils sont en usage dans l'Eglise catholique et tels qu'ils sont dans l'ancienne édition Vulgate latine ou méprise avec connaissance et de propos délibéré les traditions dont nous venons de parler, qu'il soit anathème !

Ces dernières considérations visent les protestants, contre lesquels le catholicisme relève le double grief de s'en tenir, pour les livres de l'Ancien Testament, aux écrits

seuls qui ont été conservés en hébreu et de rejeter les
« traditions » des Pères de l'Eglise.

Dans un deuxième décret, qui vise directement « l'Edi-
tion et l'usage des Livres sacrés », nous lisons une très
importante déclaration concernant l'emploi de la traduction vulgaire, ou *Vulgate*, des deux Testaments en langue
latine :

> Le même saint Concile, considérant qu'il ne sera pas
> d'une petite utilité à l'Eglise de Dieu de faire connaître
> entre toutes les éditions latines des livres saints qui se débi-
> tent aujourd'hui, quelle est celle qui doit être tenue pour
> authentique, déclare et ordonne que cette même édition
> ancienne et Vulgate, qui a déjà été approuvée dans l'E-
> glise par le long usage de tant de siècles, doit être tenue
> pour authentique dans les disputes, les prédications, les
> explications et les leçons publiques et que personne, sous
> quelque prétexte que ce puisse être, n'ait assez de har-
> diesse ou de témérité pour la rejeter.

L'objet de la prescription ci-dessus est de parer à l'in-
convénient résultant des divergences que pourraient présenter des éditions faites d'après des traductions de diverse
origine. Il convient, pour écarter ce danger, de choisir la
plus satisfaisante, celle à laquelle sa propagation et son
emploi généralisé confèrent une incontestable supériorité,
à savoir la traduction latine faite au ive siècle par saint
Jérôme d'après les textes originaux, hébreux et grecs.
C'est l'édition auquel l'usage a conservé ce même nom
de la *Vulgate*, étant bien entendu que « à l'Eglise seule il
appartient de juger du véritable sens et de la véritable interprétation des Saintes Ecritures ». Le Concile de Trente
prend même le soin de spécifier qu'il sera donné par l'autorité ecclésiastique tous les soins nécessaires à la publication authentique du texte *ne varietur* de l' « édition,
Vulgate ». Sur ce point, le Concile « a résolu et ordonné
qu'au plus tôt l'Ecriture sainte, particulièrement selon

cette édition ancienne et Vulgate, soit imprimée le plus correctement qu'il sera possible ».

Cette édition, solennellement promise à l'Eglise, ne fit son apparition qu'un demi-siècle plus tard, à savoir en 1592 sous le pape Clément VIII et avec le titre de *Biblia Vulgata.*

Disons tout de suite que cette traduction offre d'incontestables mérites, bien que la philologie ne puisse y voir qu'un témoin très intéressant pour un passé reculé, et que l'on est surtout en droit de reprocher à la Vulgate de Clément VIII, en outre de nombreuses fautes typographiques, de n'avoir fourni qu'un texte composite, où subsiste, notamment dans les Psaumes, le travail fort médiocre de traducteurs antérieurs à saint Jérôme qui n'avaient pas sous les yeux l'original hébreu.

Il faut noter encore cette exorbitante prétention de conférer à une traduction ancienne une sorte de valeur surhumaine en déclarant, ainsi qu'il a été rappelé tout à l'heure, que la Vulgate devait être « tenue pour authentique dans les disputes, les prédications, les explications et les leçons publiques ». C'était là encore une précaution à l'endroit des versions protestantes de la Bible, qui se vantaient de reposer immédiatement sur l'étude des textes originaux ; mais on se heurtait à d'insurmontables objections et nous verrons, tout à l'heure, le pape actuel, Pie X, recommander aux théologiens l'étude des langues anciennes, de l'hébreu ou du grec, dont l'ignorance les mettrait dans une désastreuse infériorité à l'endroit des critiques soit protestants, soit indépendants.

Le Concile du Vatican, dans sa IIIe session et à la date du 24 avril 1870, a confirmé les principes de l'exégèse biblique promulgués au XVIe siècle par le Concile de Trente ; je vous donne également communication de ce texte essentiel :

Selon la foi de l'Église universelle, affirmée par le saint Concile de Trente, cette révélation surnaturelle est contenue dans les livres des Ecritures et, sans écriture, dans les traditions, etc. Pour ces livres de l'Ancien et du Nouveau Testament, ils doivent être reçus comme sacrés et canoniques en entier, avec toutes leurs parties, tels qu'ils sont énumérés dans le décret du Concile de Trente et contenus dans l'ancienne édition Vulgate latine. Ces livres, l'Eglise les tient pour sacrés et canoniques, non point parce qu'après avoir été composés par le seul art de l'homme, ils ont ensuite été approuvés par l'autorité de l'Eglise, ni pour ce seul motif qu'ils renferment la révélation sans erreur, mais parce que, écrits sous l'inspiration de l'Esprit-Saint, ils ont Dieu pour auteur et ont été confiés comme tels à l'Eglise elle-même. Mais, parce que certains hommes expriment mal ce que le saint Concile de Trente a salutairement décrété touchant l'interprétation de la divine Ecriture pour contenir les esprits indociles, renouvelant ce décret, nous déclarons qu'il exprime, que, sur les choses de la foi et des mœurs qui entrent dans l'édifice de la doctrine chétienne, il faut regarder comme véritable sens de la Sainte Ecriture celui qu'a tenu et que tient notre sainte Mère l'Eglise, à qui il appartient de juger du vrai sens et de l'interprétation des Saintes Ecritures et que, par conséquent, il n'est permis à personne d'interpréter la Sainte Ecriture contrairement à ce sens ou même contrairement au consentement unanime de Pères.

Et comme conclusion :

Anathème à qui ne recevrait pas pour sacrés et canoniques les livres de la Sainte Ecriture dans leur intégrité, avec toutes leurs parties, comme le saint Concile de Trente les a énumérés ou nierait qu'ils sont divinement inspirés !

De même que, au XVIᵉ siècle, l'Eglise catholique bataillait avec le protestantisme sur le terrain des éditions et traductions de la Bible, au XIXᵉ et au début du XXᵉ siècle, l'énorme développement de l'exégèse des livres bibliques dans les écoles issues de la Réforme et dans les cercles indépendants a mis le successeur de Léon XIII, l'émule de

Pie IX, dans l'obligation d'insister sur la nécessité d'étudier les langues orientales et de se tenir au courant des découvertes archéologiques.

Je vous signale donc comme un document du plus haut intérêt et digne d'être pris en très sérieuse considération, des extraits étendus de la « Lettre apostolique de S. S. Pie X, fixant les règles de l'enseignement de l'Ecriture Sainte dans les séminaires ». Cette lettre date du 17 mars 1906.

La question biblique, écrit le pape, a revêtu aujourd'hui une importance qu'elle n'a peut-être jamais eue auparavant ; il est donc tout à fait nécessaire d'initier avec soin les jeunes clercs à la science des Ecritures ; il faut que non seulement ils aient entendu et compris pour eux-mêmes la force, la raison et la doctrine des Livres Saints, mais qu'ils puissent avec compétence, et se livrer au ministère de la parole sacrée et défendre les livres inspirés contre les attaques de ces hommes qui répudient toute intervention divine.

Le pape rappelle ensuite les instructions en cette même matière données par Léon XIII dans l'Encyclique *Providentissimus* et formule ses prescriptions en dix-huit articles, dont nous citerons les plus essentiels à notre objet.

I. — L'enseignement de la Sainte Ecriture, qui doit être donné dans chaque séminaire, doit embrasser ce programme : d'abord, les notions principales de l'inspiration, le canon des Livres Saints, le texte original et les principales versions, les lois de l'herméneutique ; puis l'histoire des deux Testaments, l'analyse et l'exégèse de chaque livre dans la mesure de son importance.

III. — Pour ce qui concerne l'Ancien Testament, le professeur, tirant profit des découvertes récentes, exposera la suite des événements ; il montrera les rapports que le peuple hébreu a eus avec les autres Orientaux ; il exposera d'une façon résumée la loi de Moïse ; il expliquera les principales prophéties.

VII. — Quant au Nouveau Testament, il enseignera avec précision et avec clarté, quels sont les caractères propres des quatre Evangiles et comment s'établit leur authenticité ; de même, il exposera la suite de toute l'histoire évangélique et il exposera la doctrine contenue dans les épîtres et les autres livres sacrés.

X. — Les étudiants qui donnent les meilleures espérances devront être formés à l'étude de la langue hébraïque et du grec biblique et aussi, dans toute la mesure possible, à l'étude de quelque autre langue sémitique comme le syriaque et l'arabe. — « Il est, dit l'Encyclique *Providentissimus* rappelée tout à l'heure, nécessaire aux professeurs d'Ecriture Sainte — et la même chose convient aux théologiens — de connaître ces langues dans lesquelles les livres canoniques ont été écrits primitivement par les écrivains sacrés, et il sera excellent que les étudiants ecclésiastiques acquièrent la même connaissance, surtout ceux qui aspirent aux grades académiques de théologie. Il faudra avoir soin aussi qu'il y ait dans toutes les académies des chaires de langues anciennes, — surtout sémitiques. »

XII. — Conformément aux lois édictées par la Commission biblique, il faudra veiller à ce que des étudiants choisis se préparent aux grades académiques d'Ecriture Sainte...

XVI. — Dans toutes les académies, tout candidat aux grades académiques de théologie répondra à certaines questions d'Ecriture touchant à l'*Introduction* historique et critique ainsi qu'à l'*Exégèse*, et il prouvera par une épreuve qu'il est familiarisé avec la traduction et qu'il connaît l'hébreu et le grec biblique.

Je ne vous étonnerai pas en ajoutant que cette étude des livres bibliques doit être dominée par des règles de la plus stricte prudence, de façon à ne point mettre en péril l'orthodoxie dogmatique ; c'est ce que le protestantisme, lui aussi, a réclamé jusqu'à une époque encore peu éloignée. Sauf quelques modifications dans les termes, toutes les Eglises chrétiennes souscriraient — ou auraient souscrit naguère — aux injonctions de l'article qui porte le numéro XIII :

Le professeur d'Ecriture Sainte considérera comme un

devoir sacré de ne jamais s'écarter en rien de la doctrine commune et de la tradition de l'Eglise : il s'assimilera tous les progrès véritables de cette science et toutes les découvertes modernes, mais il laissera de côté les commentaires téméraires des novateurs ; il s'arrêtera à traiter seulement ces questions dont l'étude aide à l'intelligence et à la défense des Écritures ; enfin il se réglera dans son enseignement d'après ces règles pleines de prudence qui sont contenues dans l'Encyclique *Providentissimus* (1).

Vous avez remarqué l'allusion à une Commission biblique, plus exactement « Commission des études bibliques ». Ce corps, composé de théologiens appartenant à différentes nationalités, a été institué en 1901 par le pape Léon XIII avec charge de « promouvoir les études bibliques en les gardant de toute témérité ». Pie X a augmenté les attributions de ladite commission en l'an 1904 en lui confiant le soin de conférer des grades académiques en science scripturaire.

Le Vatican défère à la Commission biblique les questions controversées de l'exégèse contemporaine : celle-ci a donné l'autre année une décision sur la question de l'authenticité mosaïque du *Pentateuque* et, il y a quelques jours seulement, elle s'est prononcée sur le caractère historique du quatrième évangile ou évangile selon saint Jean.

Le premier de ces avis a pour objet de définir exactement dans quelles limites est admise à se mouvoir — à moins de sortir des conditions de la foi catholique — la critique des cinq livres du *Pentateuque*.

Cette consultation, qui a la prétention de clore une controverse datant de près d'un siècle et qui a pris dans les dernières années des proportions extraordinaires, est un document très curieux et je dois vous en communiquer

1. Les différents textes ci-dessus sont cités d'après le si utile ouvrage de M. Albert Houtin : *La Question religieuse au XXe siècle.*

les divers articles, promulgués en juillet 1906 sous la forme de questions et de réponses :

Première question :
« Les arguments que la critique a rassemblés pour attaquer l'authenticité mosaïque des livres sacrés que l'on désigne sous le nom de *Pentateuque*, sont-ils d'un tel poids qu'on puisse les préférer aux nombreux témoignages recueillis dans les deux Testaments, à la perpétuelle unanimité du peuple juif, à la constante tradition de l'Eglise comme aux preuves internes qui ressortent du texte lui-même, et lui donnent-ils le droit d'affirmer que ces livres n'ont pas Moïse pour auteur, mais qu'ils ont été tirés de sources postérieures, en très grande partie, au temps de Moïse ?
« *Réponse :* Non. »

Après cette condamnation sommaire des résultats les plus certains de la critique appliquée aux livres dits de Moïse, qui ne peuvent plus être tenus par les historiens que pour une combinaison relativement récente de textes ou documents eux-mêmes d'origine nettement post-mosaïque, la Commission entr'ouvre la porte à des propositions qui constituent d'indiscutables concessions aux vues de l'exégèse moderne.

Deuxième question :
« *a*) L'authenticité mosaïque du *Pentateuque* exige-t-elle nécessairement, pour que la rédaction de tout le livre soit considérée comme l'œuvre de Moïse, qu'il ait tout écrit de sa propre main ou tout dicté à des scribes?
« *Réponse :* Non.
« *b*) Ou bien peut-on autoriser l'hypothèse de ceux qui estiment qu'après avoir conçu son œuvre sous le souffle de l'inspiration divine, il en a confié la transcription à un ou à plusieurs, de telle sorte que fidèlement ils expriment ses sentiments, n'écrivent rien contre sa volonté, n'omettent rien et, enfin, qu'ils vulgarisent sous son nom l'ouvrage ainsi composé, approuvé par Moïse lui-même comme l'auteur principal et inspiré?

« *Réponse :* Oui. »

Ainsi Moïse continue d'être tenu pour l'auteur du *Penta-teuque*, mais en tant qu'inspirateur et auteur principal ; ce sont des secrétaires qui ont mis l'œuvre par écrit, ce qui concilie la pluralité des plumes avec l'unité foncière du livre en question.

Malgré l'insistance des commissaires qui maintiennent ce qu'on pourrait appeler le *visa* du législateur, il est visible qu'il y a un écart sensible entre ces deux thèses : Moïse a écrit personnellement — ou dicté — le *Pentateuque* — et : Moïse n'est que l'inspirateur et le garant du contenu des livres que la tradition lui attribue.

Les commissaires avaient également à se prononcer sur un débat où l'empereur Guillaume lui-même prenait récemment position au nom du protestantisme : Peut-on tenir les premiers chapitres de la Genèse pour un écho des vieilles traditions chaldéennes, telles que nous les connaissons par la découverte des textes cunéiformes ? C'est l'objet de la question qui suit.

Troisième question :
« Peut-on sans porter préjudice à l'authenticité mosaï-que du *Pentateuque*, concéder que Moïse, dans la confec-tion de son œuvre, ait employé des sources, soit docu-ments écrits ou traditions orales, où, conformément au but particulier qu'il se proposait et sous le souffle de l'inspiration divine, il aurait puisé certains éléments qu'il a insérés dans son livre, ou littéralement ou seulement quant au sens après les avoir ou résumés ou amplifiés ? »
« *Réponse :* Oui. »

Ainsi il sera désormais licite de parler d'emprunts faits par la Bible aux légendes de la Babylonie. C'est là une concession considérable.

Un dernier article concerne les altérations qu'on peut

signaler dans le texte primitif et original du *Pentateuque*
et, sur ce point encore, je dois déclarer que satisfaction
est donnée aux réclamations des érudits.

Quatrième question :
« Peut-on, l'authenticité mosaïque et l'intégrité du *Pen-*
tateuque étant substantiellement hors de cause, admettre
que, au cours d'une si longue suite de siècles, il ait subi
quelques modifications, par exemple: soit des additions
faites après la mort de Moïse par un auteur inspiré, soit
des gloses et des explications intercalées dans le texte ;
des mots et des formes de discours traduits d'un style
vieilli en un style plus jeune ; enfin des leçons fautives
tracées à tort par des scribes, qu'il soit permis de rechercher et de juger selon les règles de la critique. »
« *Réponse :* Oui, sauf le jugement de l'Eglise. »

En somme le Vatican, par l'organe de la Commission des
études bibliques, maintient au *Pentateuque* et son étiquette
et sa date ; mais, sous ces réserves, il en livre le contenu
au travail de dissection littéraire qui, depuis un siècle, en
a, pour ainsi dire, pulvérisé les éléments. Est-ce là sauver
le *Pentateuque* et l'arracher aux griffes impitoyables de la
philologie et de l'examen comparatif des textes ? N'est-ce
pas plutôt introduire le loup dans la bergerie et Moïse ne
deviendra-t-il pas de plus en plus une figure aux vagues
contours s'estompant dans les brouillards d'un passé nébu-
leux ? C'est ce qu'un avenir, sans doute assez proche, nous
apprendra.

Je dois vous faire remarquer que les termes du dernier
article concernant les altérations de diverses espèces subies
par le texte du *Pentateuque*, s'appliquent forcément à
tous les livres de la Bible et du Nouveau Testament sans
exception, ce qui — en dépit de la prudente réserve : sauf
le jugement de l'Eglise — constitue la reconnaissance
éclatante des règles que la science préconise pour l'examen
des textes anciens.

Je mentionnerai très brièvement la consultation relative à l'Evangile selon saint Jean (juin 1907) où, par protestation contre l'explication allégorique ou symbolique proposée pas de récents critiques, est revendiqué le caractère historique dudit écrit aussi bien dans son tout que dans ses parties.

Si nous passons du terrain catholique sur le terrain des Églises issues de la Réforme du xvi⁰ siècle, nous y trouverons un même dessein, presque plus accusé peut être, de ranger l'exégèse biblique sous la discipline d'une foi strictement réglementée. En effet, les protestants récusent l'autorité de l'Eglise et toute la révélation divine est, selon eux, contenue dans la Bible, laquelle, pour me servir d'un terme théologique « épuise » la vérité inspirée. Mais, si la tradition de l'Eglise n'est plus là pour garantir l'authenticité du recueil sacré, comment faire la preuve que le fidèle a bien en main la collection autorisée des oracles divins, la « parole de Dieu » ? Empruntons la réponse aux documents officiels et aux représentants les plus éminents de la « religion réformée ». Calvin, dans son *Institution chrétienne*, fait reposer la certitude des croyants sur le fait « qu'ils tiennent pour arrêté et conclu que les Ecritures sont venues du ciel comme s'ils oyaient là Dieu parler de sa propre bouche. » — « C'est Dieu, dit-il encore, qui parle par l'Ecriture et, par conséquent, la doctrine qui y est contenue est céleste. » A l'appui de cette conviction, il invoque, comme preuve excellente et seule suffisante, « le témoignage secret du Saint-Esprit » en nous et non point des arguments particuliers ou de détail. « L'Ecriture, déclare-t-il, a de quoi se faire connaître, voire d'un sentiment aussi notoire et infaillible comme ont les choses blanches et noires de montrer leur couleur et les choses douces ou amères de montrer leur saveur. »

La Confession de foi des Eglises réformées de France, faite au premier Synode National réuni à Paris le

25 mai 1559 et revue en 1571, par le Synode National de la Rochelle, — d'où son nom habituel, — met, à son tour, expressément le *canon*, c'est-à-dire la liste officielle des livres appelés à figurer dans le recueil des Ecritures sacrées, sous la sauvegarde du témoignage intérieur du Saint-Esprit. Je crois utile de mettre sous vos yeux le texte des déclarations qui touchent directement à notre sujet et qui se lisent aux premiers articles de cet important document.

Article premier. — Nous croyons et confessons qu'il y a un seul Dieu, qui est une seule et simple essence, spirituelle, éternelle, etc.

II. — Ce Dieu se manifeste tel aux hommes, premièrement par ses œuvres... ; secondement et plus clairement par sa Parole, laquelle, au commencement révélée par oracles, a été, puis après, rédigée par écrit aux livres que nous appelons l'Ecriture Sainte.

III. — Toute cette Ecriture sainte est comprise aux livres canoniques du Vieux et du Nouveau Testament, desquels le nombre s'ensuit : les cinq livres de Moïse, etc.

La liste ici donnée est semblable à celle du Concile de Trente en ce qui concerne le Nouveau Testament, mais exclut de l'Ancien Testament les livres que la traduction grecque des Septante est seule à posséder et qui sont étrangers à la Bible hébraïque, conservée dans les synagogues. Comment donc faire ce départ et sur quoi se fonde ce triage ? C'est ce qu'essaie de dire l'article suivant.

IV. — Nous connaissons ces livres être canoniques et la règle très certaine de notre foi, non tant par le commun accord et consentement de l'Eglise que par le témoignage et persuasion intérieure du Saint-Esprit, qui nous les fait discerner d'avec les autres livres ecclésiastiques, sur lesquels, encore qu'ils soient utiles, on ne peut fonder aucun article de foi.

C'est sur cette base, passablement fragile, — car qui garantit que ce commode « témoignage du Saint-Esprit » sera chez tous identique à lui-même, et ne voit-on pas sous cette forme équivoque, l'aveu que l'on a accepté comme base d'opération le catalogue dressé par la Synagogue et celui qu'a établi l'ancienne Eglise chrétienne ? — que va se fonder l'édifice hautain de la foi protestante.

V. — Nous croyons que la Parole qui est contenue en ces livres est procédée de Dieu, duquel seul elle prend son autorité, et non des hommes. Et, d'autant qu'elle est la règle de toute vérité, contenant tout ce qui est nécessaire pour le service de Dieu et de notre salut, il n'est pas possible aux hommes et même aux anges, d'y ajouter, diminuer ou changer. D'où il s'ensuit que ni l'antiquité, ni les coutumes, ni la multitude, ni la sagesse humaine, ni les jugements, ni les arrêts, ni les édits, ni les décrets, ni les conciles, ni les visions, ni les miracles, ne doivent être opposés à cette Ecriture Sainte ; mais au contraire, toutes choses doivent être examinées, réglées et réformées selon elle. Et suivant cela, nous avouons les trois symboles, savoir des Apôtres, de Nicée et d'Athanase, parce qu'ils sont conformes à la Parole de Dieu.

Ces dernières lignes sont vraiment étranges. Quel exégète consciencieux prétendrait aujourd'hui retrouver le contenu des symboles des Apôtres, de Nicée et d'Athanase dans les livres du Nouveau Testament ? Sous ce rapport, l'exégèse protestante du XVIIIe et du XIXe siècle devait casser impitoyablement le verdict des Eglises réformées de France du XVIe siècle.

Les Confessions de foi protestantes du XVIIe siècle avaient, dans l'intervalle, renchéri de la façon la plus imprudente sur les affirmations de La Rochelle en déclarant « qu'il n'y avait absolument rien dans la Bible qui ne fût le produit de l'inspiration », et, notamment que les points-voyelles, qui déterminent la lecture du texte hébreu, devaient être tenus, eux aussi, pour inspirés. Bravade à l'histoire et à la critique, contre-partie lamentable de la décision par laquelle les catholiques avaient proclamé l'autorité de la traduction latine, dite Vulgate: en effet, ces points-voyelles représentent le travail de fixation du texte hébreu entrepris par les rabbins juifs plusieurs siècles après Jésus-Christ.

Les écoles allemandes protestantes de la seconde moitié du xviiie siècle eurent le grand mérite d'appliquer à l'interprétation de la Bible les règles de philologie exacte qui prévalaient en matière de textes grecs et latins ; et, de plus en plus, les règles consacrées de la critique historique prévalurent, à leur tour, dans l'explication des faits, sans que l'on osât, néanmoins, se départir de l'affirmation préalable de révélation et d'inspiration de source surnaturelle.

Aujourd'hui, malgré le progrès énorme accompli au cours du xixe siècle, les plus éminents exégètes du protestantisme libéral semblent encore s'excuser de leur hardiesse, et il est peu de leurs publications qui ne trahissent l'arrière-pensée de conserver une situation exceptionnelle à Moïse, le premier révélateur, et à Jésus, le fondateur de la religion définitive, non plus le Dieu-homme sans doute, mais l'homme-Dieu au sens d'un accord total réalisé dans sa personne entre l'idéal et le réel, entre l'humain et le divin.

J'emprunte de significatives affirmations à l'éminent exégète alsacien, Edouard Reuss.

Moïse, écrit-il dans son Introduction aux *Prophètes*, Moïse a été le premier prophète, et la tradition constante, invariable, reconnaissante de la postérité, l'a exalté comme tel ; en d'autres termes, il a été pour Israël le premier révélateur de la religion du seul vrai Dieu, créateur juste et saint. — Malgré la persistance du polythéisme et de l'idolâtrie, de la superstition et de tous les vices et excès qui en étaient la conséquence, les vérités prêchées originairement par Moïse ne se sont plus perdues. Elles sont restées le dépôt sacré d'un nombre croissant d'hommes qui se dévouaient à leur service et dont la succession non interrompue en assurait la conservation.

Il nous assure encore que l'histoire de la sortie d'Israël

d'Egypte et de son établissement en Chanaan « nous est parvenue telle qu'elle a pu se former dans la suite des temps par la voie de la tradition populaire et sous l'influence des idées religieuses, dont le germe a pu être déposé autrefois dans le sein de la nation par son premier prophète (c'est-à-dire par Moïse) et conservé, développé, propagé ensuite par ses successeurs. » A ceux qui dénoncent comme un écrit faussement attribué à Moïse, intentionnellement placé sous le patronage d'un grand nom du passé, le Deutéronome, rapporté par beaucoup de critiques et par Reuss lui-même à l'époque de Josias, à huit siècles de distance des scènes prétendues du Sinaï, — l'éminent exégète n'hésite pas à déclarer que l'objection « tombe, dès qu'il sera prouvé que tout se réduisait à mettre par écrit la substance de l'enseignement de dix ou douze générations de prophètes, lesquels pouvaient, en bonne conscience, faire remonter au premier de tous dont le nom nous ait été conservé, les principes qu'ils ne cessaient de prêcher... Il n'y avait donc là de nouveau que la forme ; le fond était le résumé d'un travail séculaire (1). »

Ainsi des livres écrits sept, huit ou dix siècles après Moïse seraient, à juste titre, présentés comme l'œuvre du mystérieux « premier révélateur » parce qu'on imaginerait une transmission secrète au travers des âges. Ce serait la négation catégorique du principe incontesté de toute critique littéraire, qui interdit qu'on utilise un document doctrinal pour une époque autre que celle de sa rédaction, — si ce n'était l'aveu de l'embarras cruel où se met la critique protestante quand elle recule devant les conséquences de ses propres prémisses.

Et de même pour les Evangiles. Les uns sacrifient le 4ᵉ Evangile aux trois premiers dits synoptiques, les autres préconisent le 4ᵉ aux dépens des autres. Aucun n'ose dire

1. *L'Histoire Sainte et la Loi (Pentateuque)*, Introduction.

franchement que, ni les écrits placés sous les noms de Mathieu, de Marc et de Luc, ni l'Evangile de Jean, ne sont des documents historiques permettant de restituer la physionomie et l'œuvre de Jésus de Nazareth, que ce sont des œuvres légendaires, dont le contenu se dissipe et s'évanouit devant la rigueur de l'examen critique.

De là la nécessité de pratiquer l'exégèse biblique en dehors de toutes les écoles théologiques du catholicisme ou du protestantisme, sans méconnaître tout ce que nous devons aux consciencieux et perspicaces travailleurs qui ont, dans les limites des obligations de leur situation, préparé le terrain à une recherche vraiment indépendante et exclusivement rationnelle. A ces travailleurs nous devons énormément et nous n'éprouvons nul embarras à dire qu'ils nous ont fourni d'incomparables matériaux d'étude en ce qui touche l'établissement rigoureux des textes et leur examen ; mais cet examen ne s'est jamais désintéressé de préoccupations doctrinales et ecclésiastiques, qui doivent rester étrangères au pur rationalisme.

Cantonnés sur le terrain de l'histoire, résolus à replacer les manifestations religieuses du passé dans le milieu où elles se sont produites, nous procéderons sans arrière-pensée à l'analyse méthodique, à la dissection impitoyable des documents du judaïsme et des origines chrétiennes avec le souci unique de rendre, selon la belle expression de Renan, la « nuance exacte » de ce qui est.

Sortie des cercles théologiques, l'histoire générale et comparative des religions, et tout particulièrement, l'histoire de l'évolution dont est issue le christianisme, constituera un des principaux et des plus instructifs chapitres de l'histoire des institutions et des doctrines des nations occidentales ; c'est une des sources, et non la moindre, des grandes civilisations modernes, que nous arriverons à saisir et à fixer à son origine même.

II. — L'ÉTAT PRÉSENT DES QUESTIONS D'EXÉGÈSE BIBLIQUE

L'abbé Alfred Loisy : ses travaux, sa position sur les questions touchant l'Ancien Testament et les origines chrétiennes ; son point de vue évolutionniste. Ses récentes hardiesses. — Les principales questions de l'Exégèse contemporaine : les livres dits de Moïse ; les livres historiques ; les livres prophétiques, etc. — Les Evangiles, les Actes des apôtres, les lettres attribuées à saint Paul, la théologie johannique. — Esquisse de l'évolution du judaïsme et du christianisme primitif.

Il est impossible de traiter aujourd'hui de l'exégèse biblique en France sans présenter au public l'écrivain catholique qui, sur ce terrain, s'est fait depuis une quinzaine d'années, une situation de premier ordre ; je veux parler de l'abbé Alfred Loisy.

M. Alfred Loisy vient d'atteindre la cinquantaine et il se présente à nous avec un bagage considérable ; il est difficile d'allier en un commerce plus intime, les habitudes précises de l'érudition avec la souplesse d'une forme élégante qui, en présence de la contradiction, devient volontiers ironique.

Débutant par de consciencieux travaux sur le texte et les traductions tant de l'Ancien que du Nouveau Testament ainsi que sur la formation du recueil biblique, M. Loisy a subi, d'une façon toujours croissante, l'influence des travaux de l'exégèse allemande ; mais par une ingénieuse transposition, au lieu que ses maîtres concluaient de l'étude des plus anciens documents du christianisme au bien-fondé de la réforme protestante, l'exégète catholique conclut en faveur de la tradition ecclésiastique de Rome.

Nous n'avons point à nous engager sur ce terrain de la controverse entre de grandes Eglises rivales ; il nous suffira de rappeler que M. Loisy, en réponse à l'*Essence du christianisme* du théologien berlinois Harnack, écrivit *L'Evangile et l'Eglise*, dont les conclusions pouvaient paraître favorables à l'Eglise dont il continuait de se réclamer, mais dont les allures étaient trop libres pour ne pas inquiéter les représentants officiels de la tradition.

Successivement parurent un *Essai sur la Religion d'Israël*, où M. Loisy adoptait les principaux résultats de la critique étrangère sur l'évolution du culte chez les Hébreux, et un travail de la plus haute portée sur les *Mythes babyloniens et les premiers chapitres de la Genèse* ; adoptant sur ce point la thèse qu'avait défendue vingt ans auparavant le regretté François Lenormant, M. Loisy y ajoutait de singulières précisions et la faisait définitivement pénétrer dans l'enseignement supérieur catholique, — preuve en soit de la décision de la Commission des études bibliques, dont je vous entretenais tout à l'heure.

Se transportant sur le terrain, du Nouveau Testament, M. Loisy préludait par une série de travaux partiels à la publication capitale intitulée *Le Quatrième Evangile*, que suivra très prochainement une étude d'ensemble sur les trois premiers Evangiles, dits synoptiques.

Avant de revenir sur quelques-uns de ces points, rappelons les faits marquants de la carrière publique de M. Loisy. C'est comme professeur de langues sémitiques à l'Institut Catholique de Paris qu'il attira l'attention ; la méfiance et l'étroitesse de ses chefs mirent fin à cet enseignement, qu'il dut se résoudre à continuer uniquement par la voie du livre et des articles de revue. Autorisé à donner un cours libre à l'Ecole pratique des Hautes-Etudes, il semblait qu'il n'eût qu'à persévérer dans un milieu de science exacte, singulièrement favorable à ses habitudes d'érudition critique ; cependant il quitta brusquement la section des Sciences religieuses de l'Ecole pratique qui lui avait ouvert ses portes, en prétextant la nécessité de faire des sacrifices à la pacification des esprits. Cette défaillance ne fut heureusement que momentanée : la *Revue critique d'Histoire et de Littérature* devint, à partir de ce jour, son principal organe, lui offrant l'occasion sans cesse répétée d'aborder les questions le plus brûlantes de l'exégèse biblique dans le compte rendu des ouvrages de cet ordre paraissant en France, en Allemagne et en Angleterre.

Sur le terrain de la Bible et de l'histoire de la religion d'Israël, M. Loisy ne fait pas difficulté de déclarer que le monothéisme prophétique a succédé à une période de matérialisme polythéiste, que le spiritualisme juif est le fruit d'une lente évolution et non d'une illumination au caractère magique. Sur le terrain des origines chrétiennes et de la constitution de l'Eglise, il se déclare, et non moins franchement, évolutionniste, marquant dans le Nouveau Testament les premiers linéaments des institutions et des doctrines qui devaient aboutir au catholicisme romain.

Sur la personne de Jésus tel que nous le présentent les trois premiers évangiles, ceux de Matthieu, Marc et Luc, M. Loisy déclare que la pensée du réformateur galiléen, non moins que ses actes, ne nous sont parvenus qu'à travers le prisme de vues sensiblement plus récentes, qui en ont altéré profondément la physionomie primitive. C'est ce qu'il appelle « l'élaboration rédactionnelle » des faits et des discours par les soins des apôtres et de leurs successeurs. Vous voyez, sans plus insister, combien la base même de toute notre information sur Jésus de Nazareth devient fluide et inconsistante, du moment où nous y retrouvons plutôt l'écho des générations suivantes que le souvenir des réalités contemporaines.

Quant au quatrième Evangile, placé sous le nom de l'apôtre Jean, M. Loisy professe qu'il y faut voir, d'un bout à l'autre, une allégorie dogmatique, une chaîne de symboles habilement agencés, la sublimation de l'histoire évangélique en thèses d'une théosophie transcendante (1).

Et néanmoins M. Loisy veut rester catholique et, dans sa modeste et laborieuse retraite, il attend que l'autorité ecclésiastique vienne le contraindre à dépouiller la robe du prêtre. Il ne nous appartient point de juger un tel état d'âme ; nous rendons hommage aux éminentes qualités de l'exégète, à sa science éprouvée, à sa perspicacité, sans nous porter garant du mariage, assez étrange selon nous, qui prétend réunir en une même mentalité, la docilité à l'Eglise et l'indépendance de la pensée.

J'ai relevé, dans les plus récentes publications de M. Loisy, des déclarations significatives, que je tiens à vous faire connaître.

Et d'abord, en ce qui concerne Jésus, M. Loisy estime que, au travers du texte des Evangiles, on peut reconnaître la foi qu'il professait en la rénovation ou révolution messianique imminente, par laquelle serait établi merveilleusement le « royaume de Dieu ». C'est là, selon lui, l'élément essentiel qui nous permet de reconstituer approximativement les ambitions et les espoirs du prophète galiléen. En d'autres termes, la confiance que professèrent les premières générations chrétiennes en une transformation subite et prochaine de l'économie présente, M. Loisy l'attribue tout d'abord à Jésus, ce en quoi il se montre beaucoup plus hardi que les théologiens protestants, trop enclins à spiritualiser l'Evangile primitif afin de l'accommoder aux façons de l'époque moderne.

1. Sur les travaux de M. Alfred Loisy, consultez les deux ouvrages de M. Albert Houtin, *La question biblique chez les catholiques de France au* XIXe *siècle* et *La question biblique au* XXe *siècle*.

Avec quelle charmante ironie M. Loisy souligne la puérilité de pareilles échappatoires, en voici un exemple :

« On a beaucoup discuté, on discutera longtemps encore sur la conscience messianique de Jésus .. (On dira) que, si le messianisme a été la forme historique de la conscience religieuse de Jésus, cette conscience était, en elle-même, quelque chose de supérieur au messianisme. — Cela peut s'entendre. Mais ne serait-ce pas, en grande partie l'Eglise et la spéculation chrétienne, qui auraient tiré, qui tireraient encore de l'Evangile un idéal religieux qui n'était pas autrement développé dans la conscience du Christ ? (1).

Discutant la réalité de deux faits rapportés aux derniers jours de Jésus, l'entrée solennelle à Jérusalem et l'expulsion des vendeurs du Temple, M. Loisy n'hésite pas à déclarer que, dans cette double circonstance, Jésus, comptant sur la manifestation surnaturelle du royaume de Dieu, n'a pas hésité à agir délibérément en Messie, accomplissant publiquement et volontairement des actes que l'on attendait du Messie selon l'interprétation courante des prophéties. En d'autres termes, le peuple juif comptait que le Messie attendu purifierait le Temple : Jésus a purifié le Temple *afin* d'être reconnu pour le Messie ; de même il avait fait une entrée solennelle à Jérusalem *afin* d'accomplir au vu et au su de tous une prophétie concernant le Christ ou Messie.

Qui n'a dans l'esprit les polémiques acharnées entreprises sur la résurrection de Jésus, dont le corps, disaient les adversaires du christianisme naissant, avait été dérobé par ses disciples afin de favoriser la foi qu'ils prêchaient en son retour victorieux à la vie ? M. Loisy traite cette grosse question avec une incroyable liberté d'allures, montrant que les disciples de Jésus n'ont dû, dans leur effarement, prendre nul souci de ce qu'avait pu devenir le cadavre de leur maître :

1. *Revue critique,* 17 juin 1907.

Tous les amis de Jésus étaient consternés et en fuite le soir de la Passion, et les circonstances de la sépulture ont dû être telles que la représentation du cadavre était impossible, si tant est qu'on eût pris la peine d'y penser lorsque, quelques semaines, peut-être quelques mois plus tard, les disciples galiléens, revenus à Jérusalem, commencèrent à dire que leur maître était ressuscité (1).

On connaît, dans le quatrième Evangile, le passage fameux où Jésus, expirant sur la croix, confie sa mère à son disciple préféré, l'apôtre Jean. J'en rapporte le contenu : « Jésus voyant sa mère et près d'elle le disciple qu'il aimait, dit à sa mère : Femme, voilà ton fils ! Puis il dit au disciple : Voilà ta mère ! — Et depuis ce moment, ce disciple la recueillit chez lui. » (Evangile selon saint Jean, XIX, 26-27.)

Voici l'interprétation de cet épisode que j'emprunte au *Quatrième Évangile* de M. Loisy :

« A cette femme (la mère de Jésus) qui est Israël converti, qui est la communauté judéo-chrétienne, qui est le judaïsme en tant qu'il a produit le Christ et l'Eglise apostolique, Jésus désigne comme devant être son vrai fils, son protecteur, guide et gardien de sa vieillesse, le disciple bien-aimé, c'est-à-dire le type du croyant parfait, du chrétien johannique, de l'église helléno-chrétienne. — Le judaïsme converti (ou communauté judéo-chrétienne) doit regarder comme fils légitime de l'ancienne alliance, le christianisme hellénique, et celui-ci doit recueillir comme sa mère la tradition de l'Ancien Testament ; mais la mère doit loger chez le fils et non le fils chez la mère. Le christianisme doit des égards au judaïsme, mais il n'a pas à se faire juif. »

J'aurais quelques réserves à faire sur le bien-fondé de cette explication symbolique ; mais je ne veux pas oublier que je suis ici à titre de rapporteur, non de critique.

1. *Revue critique*, 8 avril 1907.

Passons à la question de l'institution des sacrements du catholicisme, dont la tradition assure qu'ils ont été, soit explicitement, soit implicitement, ordonnés par le Christ ; et je dois rappeler que le protestantisme, qui n'en accepte que deux sur sept, à savoir le baptême et la Cène eucharistique, est resté, jusqu'à ce jour, unanime à en faire remonter l'origine à Jésus lui-même. M. Loisy, très franchement, très loyalement, à la suite d'une discussion exégétique serrée dont j'approuve absolument les conclusions, se place ici sur le terrain de la pure et simple négation :

« Historiquement parlant, Jésus n'a institué aucun sacrement, et le culte chrétien s'est formé graduellement au fur et à mesure que le christianisme s'est constitué en religion indépendante du judaïsme ; il s'est développé ensuite sous diverses influences et selon les besoins d'une Eglise principalement recrutée dans le monde païen (1). »

Je n'hésiterai pas à dire, principalement après cette citation dont vous avez apprécié l'importance, que la critique nettement rationnelle et indépendante a beaucoup à prendre dans les travaux d'un théologien catholique tel que l'abbé Loisy, qui a su pratiquer sincèrement, sur des points essentiels, les méthodes rigoureuses de l'examen documentaire. Et je voudrais associer à cet éloge, un théologien protestant, M. Eugène Ménégoz qui, dans diverses publications et tout récemment encore, a protesté que la foi religieuse devait, non pas subir par force et malgré elle, mais accepter franchement et sans hésitation tous les résultats obtenus par l'emploi de la recherche historique, parce que, comme les sciences et comme la philosophie elle-même, l'histoire relève directement de la critique rationnelle. En d'autres termes, la foi religieuse, fondée sur le sentiment intime, n'a pas à s'immiscer, — qu'il

1. *Revue critique*, 8 avril 1907.

s'agisse de la conception scientifique du monde, de la restitution de l'évolution des sociétés et des institutions du
passé ou des cadres généraux de la pensée, – dans la tâche
propre à l'homme de science, à l'historien, au philosophe.
C'est à eux de se prononcer sur ces points, non à la foi.

Voilà, comme complément et conclusion aux résultats
défendus par M. Loisy, des déclarations dont nous sommes heureux de prendre acte et qui font voir que, sur
les divers domaines de la recherche, il ne saurait y avoir
en définitive qu'une seule et même méthode, celle que nous
nous efforçons de pratiquer nous-mêmes.

Je me trouve maintenant en excellente position pour
énoncer, sous une forme sommaire, les principales questions de l'exégèse contemporaine.

Voici, d'abord, un premier groupe de livres, ceux de
Moïse ou *Pentateuque*, c'est-à-dire l'ouvrage en cinq tomes,
comprenant la *Genèse*, l'*Exode*, le *Lévitique*, les *Nombres*
et le *Deutéronome* ; mais il convient d'y rattacher un
sixième écrit, le livre de Josué, ce qui fait un volume à
six tomes, autrement dit l'*Hexateuque*.

C'est un poème, si l'on veut, bien que totalement dé-
pourvu du rythme et de la fantaisie littéraire du genre,
plutôt une épopée, épopée des origines juives, qui nous
mène, des promesses divines faites aux patriarches Abra-
ham, Isaac et Jacob, jusqu'à l'achèvement de la conquête
et de la prise de possession par le peuple d'Israël, du pays
de Chanaan. Une sorte de préface d'un caractère humain
ou universaliste, précède cette grande composition, qui
donne, au premier aspect, l'illusion d'une exposition historique, mais dont le contenu est essentiellement législa-
tif et doctrinal. La divinité protectrice d'Israël l'a miracu-
leusement doté d'un habitat privilégié, en même temps
qu'elle a tracé les obligations qui lui incombent.

Mais cette thèse dogmatique est exposée avec l'incohé-
rence du génie oriental ; les récits et les textes légaux se

répètent, se reproduisent, s'accumulent sans souci des divergences et des contradictions, ce qui a amené la critique à répartir le contenu actuel de l' *Hexateuque* entre plusieurs sources ou documents primaires, document élohiste (celui où la divinité est dénommée *Elohim*), document jéhoviste (celui où la divinité porte le nom de *Jéhovah*, plus exactement *Yahveh*), document deutéronomique, etc. En d'autres termes, la critique tient les six livres dits de Moïse et de Josué pour une combinaison, une compilation de textes qui ont dû exister d'abord à l'état indépendant, puis se sont confondus et mêlés dans un amalgame, qui ne laisse pas toujours discerner leur caractère original.

De quand datent ces documents primitifs, qu'une patiente analyse s'est efforcée de démêler et d'isoler ? D'après des vues souvent acceptées, le plus ancien serait postérieur de six siècles environ à l'âge prétendu de Moïse, libérateur et législateur des Hébreux ; un autre daterait d'une époque plus récente encore et le troisième, peut-être le plus considérable, porterait l'empreinte des idées et des institutions qui n'ont prévalu qu'après la grande coupure qui barre l'histoire ancienne d'Israël, c'est-à-dire serait postérieur au siècle dit de la Captivité de Babylone. Supposons que l'on adopte pour ces trois documents essentiels les dates du ixe du viie et du ve siècle avant notre ère, il faudra statuer encore un travail de rédaction d'ensemble, qui nous mènerait au ive siècle avant l'ère chrétienne.

Mais ces propositions sont sujettes à caution parce qu'on s'appuie, pour placer deux de ces documents à l'époque antérieure à la Captivité, sur le caractère prétendu divergent des divers textes législatifs. Pour ma part, je n'hésite pas à reporter, et le travail de rédaction des documents originaux et le soin de la composition d'ensemble, à l'époque post-exilienne, c'est-à-dire aux ve, ive et peut-être iiie siècles avant notre ère.

A le bien prendre, c'est réellement une épopée des origines que les écrivains juifs du second Temple ont audacieusement projetée dans un passé reculé en l'abritant d'un grand nom légendaire. Il n'y a pas de Moïse, il n'y a pas de révélation du Sinaï ou des plaines de Moab, mais une transposition de l'histoire, par laquelle les institutions et les croyances du judaïsme post-exilien apparaissent comme une préface et une sorte de grandiose frontispice, alors qu'elles représentent une conclusion et l'aboutissement d'un travail séculaire.

Quand on a vu clair sur ce point, tout le reste des livres bibliques se replace dans son véritable milieu par une sorte d'opération automatique.

Voyez les livres dits historiques, ceux des Juges, de Samuel et des Rois, qui nous rapportent les destinées d'Israël en Chanaan jusqu'à la destruction finale de Jérusalem par les Chaldéens. Partout le fait donne lieu à une appréciation doctrinale : tel personnage, par ses fautes, a irrité la divinité, dont la patience s'est lassée en présence de récidives perpétuelles ; si Jérusalem a succombé sous l'effort des Chaldéens, c'est parce que Yahvéh a désigné ce peuple étranger pour être l'instrument de ses vengeances contre la nation rebelle. Les livres historiques, dont le fond reste singulièrement sujet à caution, sont l'application aux destinées anciennes d'Israël des principes théologiques et moraux professés par les docteurs de l'époque post-exilienne.

Ce qu'il y a, peut-être, de plus exceptionnel, de plus extraordinaire, dans la littérature hébraïque, c'est la collection des écrits dits prophétiques, ceux d'Isaïe, de Jérémie, d'Ezéchiel et des douze petits prophètes. La critique moderne doit convenir qu'on se trouve ici en présence d'un phénomène littéraire unique en son genre. Comment donc l'expliquer et par quels moyens en rendrons-nous compte ?

Beaucoup d'exégètes continuent à soutenir qu'il y a un

fond historique dans les véhémentes déclamations des prophètes vitupérant avec une âpreté incroyable les mœurs de leur temps. Ce n'est point mon avis. En effet, — et la critique aurait dû tenir davantage compte de cette circonstance, — les mœurs que flagellent les écrivains prophétiques, ne sont point celles de l'ancien Israël, mais celles que le commerce avec de grandes nations du dehors, avec la Perse, d'abord, avec la civilisation occidentale et grecque ensuite, avait introduites à Jérusalem et en Judée aux ve, ive, iiie siècles avant notre ère. D'autre part, les écrivains prophétiques connaissent la loi dite mosaïque, c'est-à-dire sont d'une date postérieure à la composition de *l'Hexateuque*. En somme, un Isaïe, un Jérémie, un Amos, un Osée reprennent, sous une forme littéraire nouvelle, — et qui atteint fréquemment, je ne puis le dire qu'en passant, au sublime le plus magnifique, — la condamnation prononcée par les écrivains des livres historiques. Israël, favori et protégé du Dieu suprême, du créateur des cieux et de la terre, se trouve écrasé sous le talon de vainqueurs exécrables qui invoquent de faux dieux ! Pourquoi ce déni, pourquoi cette intolérable contradiction ? Parce que Israël a abominablement outragé son protecteur et que celui-ci, proportionnant le châtiment au crime, a fait de ses bien-aimés le jouet ignominieux des infidèles.

Mais cette situation ne durera pas. Sous le fouet de l'épreuve, Israël a repris conscience de ses obligations envers Yahvéh ; le peuple élu, devenu l'opprobre et le crachat des nations étrangères, connaîtra le triomphe, doublement appréciable après d'aussi dures humiliations ; Israël sera placé à la tête des peuples et, à son char de gloire, les potentats les plus orgueilleux seront fiers de s'atteler.

Dans la troisième partie du canon ou catalogue de la Bible hébraïque se trouvent des écrits divers, les *Psaumes*, mis à tort sous le nom de David et qui datent du iiie siècle avant notre ère, le beau poème de Job qui revendique les droits de la justice individuelle, les livres des *Proverbes* et de l'*Ecclésiaste* et plusieurs autres, dont je citerai le plus curieux peut-être, le livre dit de Daniel, où, en présence de la persécution subie pour sa loi, le peuple clame sa foi en l'avenir ; aux empires chaldéen, mède, perse et grec succédera, dans le plus bref délai, l'empire des « Saints », c'est-à-dire des Juifs. Des caractères indéniables classent ce livre à l'époque des persécutions que subit Israël vers 170 avant notre ère sous le roi de Syrie Antiochus Epiphane.

Un caractère particulier de la littérature hébraïque, c'est la propension qu'ont les écrivains à dérober leur personnalité sous le nom et les allures d'hommes illustres du passé, du législateur Moïse, du chef Josué, du prophète Samuel d'un Isaïe, d'un Jérémie contemporains des rois Ezéchias et Josias. C'est une sorte de faux littéraire, que l'on désigne sous le nom de pseudonymie ou de pseudépigraphie. La plupart des livres de l'Ancien Testament sont des pseudépigraphes, des écrits faussement intitulés, dont le contenu se présente sous la garantie des ancêtres les plus réputés.

C'est ainsi qu'aux environs de l'ère chrétienne, parut, sous le patronage d'Hénoch, le « septième homme à partir d'Adam », une sorte de traité de cosmogonie et de théologie, et, sous d'autres noms, toute une série d'œuvres également inauthentiques, qui nous ont — après qu'on eut percé la fiction de leur étiquette — très utilement renseignés sur l'état des esprits à la veille du mouvement chrétien.

Les Livres du Nouveau Testament sont la source essentielle, — nous aurions le droit de dire : la source unique, — pour la connaissance des origines chrétiennes. Il importe de déterminer leur caractère et de définir la valeur des renseignements qu'ils nous offrent.

D'abord les trois premiers Evangiles, c'est-à-dire l'exposé de la « Bonne Nouvelle » ou de l' « Heureux message » de Jésus le Christ, tel que le donnent des apôtres ou des disciples d'apôtres, Mathieu, Marc et Luc. Mais sont-ce là

des souvenirs, toutes réserves faites sur le caractère ten-
dancieux de la narration? Assurément non : c'est, en une
triple édition, une démonstration du caractère messianique
de Jésus de Nazareth. Le prophète Galiléen, qui est apparu
en Palestine après Jean le Baptiste, doit être tenu, selon
ces auteurs, pour le Messie ou Christ, qu'attendait fièvreu-
sement le judaïsme courbé sous le joug de l'étranger. Cette
démonstration, qui repose sur l'allégation de textes de l'Ancien Testament mis en relation avec les faits ou discours
prétendus de Jésus, se divise en deux parties : 1° Par une
série de miracles et de guérisons, Jésus s'est fait reconnaître comme Messie par les compagnons fidèles attachés
dès la première heure à sa fortune ; 2° Jésus a marché
volontairement et sciemment au-devant du supplice ignominieux de la croix, par lequel il a consommé le rachat --
ou la rédemption — de ceux qui croiront en lui et après
lequel, par une merveilleuse dispensation de la divinité,
il a été glorieusement transformé, — ce qu'on appelle sa
résurrection et son ascension. En d'autres termes, les
Evangiles sont des traités dogmatiques sous apparence
historique.

Si on les compare entre eux, on verra que le premier
dans la série canonique, celui de Mathieu, se distingue par
la part considérable faite à l'élément dogmatique. On y lit
notamment ce remarquable Sermon sur la montagne, où
la doctrine de l'Eglise chrétienne est nettement opposée à
la doctrine du mosaïsme ou judaïsme. Le plus sobre des
trois est l'Evangile de Marc, que l'on tient volontiers pour
le représentant du plus ancien exemplaire conservé de la
littérature évangélique. Quant à l'Evangile de Luc, il
tient à la fois de Mathieu et de Marc, mais procède avec
une singulière indépendance dans la rédaction des discours
et dans le cadre des événements.

Quand on a fait le départ de l'élément mythique ou
mythologique dans les Evangiles, c'est-à-dire du parti

pris qui a accumulé sur le personnage de Jésus tout le bagage traditionnel de l'idéal messianique ; quand on a, d'autre part, isolé les nombreux épisodes et discours qui servaient à justifier l'attitude des jeunes Eglises chrétiennes par opposition aux pratiques du judaïsme, il reste bien peu de chose pour la restitution de la physionomie propre à Jésus.

Encore, si nous étions suffisamment renseignés sur les débuts de la jeune communauté, sur les incidents principaux qui amenèrent la rupture avec la tradition de la synagogue, nous nous consolerions d'avoir constaté notre ignorance à l'égard du chef dont elle se reconnut. Malheureusement, le livre dit des *Actes des Apôtres* ne réalise que fort médiocrement les promesses de son titre. Toute sa première partie nous maintient dans une atmosphère de merveilleux, qui autorise toutes les suspicions. Il y est beaucoup question de l'apôtre Pierre ; mais, quand on voit ce personnage proclamer brutalement la déchéance du légalisme mosaïque, on sent, une fois de plus, qu'on nous a donné ici les conclusions du long et passionné débat engagé au cours du 1er siècle entre l'Eglise et la Synagogue beaucoup plus qu'on n'a exprimé sincèrement les premières phases du conflit qui ne devait pas tarder à s'exaspérer entre les confesseurs du Christ-Jésus et les représentants autorisés du Temple de Jérusalem.

La seconde partie du livre des *Actes* est consacrée à l'apôtre des Gentils, à saint Paul. La plume experte du narrateur nous donne en maints endroits l'illusion d'une peinture fidèle ; mais la réflexion, une fois encore, intervient pour faire voir qu'il en faut singulièrement rabattre.

Au moins, avec les épîtres — il n'en est pas moins de treize — qui portent le nom de saint Paul, nous voudrions pouvoir assurer que nous mettons le pied sur un terrain solide. N'aurions-nous point ici le document authentique, contemporain des événements, le point de comparaison précis, par lequel nous établirons la valeur des autres données contenues aux livres du Nouveau Testament ?

Mettons-nous donc en face des quatre lettres principales que la critique allemande n'a pas voulu refuser au treizième apôtre. Ne chicanons pas sur la chance inouïe qui a préservé ces feuilles volantes, pour nous les transmettre en leur intégrité. Nous consentirons alors à garder l'épître aux Galates — aux fidèles de la Galatie —, écho de la plus âpre polémique avec les vieilles Eglises à tendance encore judaïque, dont on rapportait la fondation au corps des douze apôtres, aux disciples choisis par Jésus lui-même. Nous ferons grâce aussi à la première des deux épîtres adressées aux fidèles de Corinthe, document curieux des disputes et des désordres des jeunes communautés chrétiennes (1).

La deuxième lettre à ceux de Corinthe doit être tenue pour un pastiche adroit de la première. L'Epître à ceux de Rome est un traité doctrinal, témoignant des progrès d'une époque plus récente. Si les Juifs ont la loi de Moïse, les païens, y lisons-nous, ont la loi naturelle : leur responsabilité à l'endroit des volontés divines est donc la même. Et l'on prêterait un pareil langage à l'apôtre Paul ? D'ailleurs, l'écrivain tient les Juifs pour décidément rebelles aux enseignements évangéliques et il sacrifie délibérément à leur endroit tout espoir de conversion, se bornant à dire que, lorsque la totalité des nations païennes sera entrée dans l'Eglise, la synagogue s'inclinera finalement devant le Messie qu'elle a renié.

Si nous passons aux autres épîtres attribuées à l'apôtre Paul, nous verrons immédiatement qu'elles sont « supposées », c'est-à-dire faussement attribuées au rival de l'apô-

---

1. Dans les Epîtres aux Galates et première aux Corinthiens on est dans la nécessité d'écarter d'importants développements ajoutés au texte primitif.

tre Pierre. Leur contenu trahit les idées et les institutions de la deuxième et de la troisième génération chrétienne : les lettres aux Ephésiens, Colossiens, Philippiens, sont dans ce cas et le groupe des « Pastorales » nous reporte sans doute au commencement du second siècle de notre ère.

Parmi les épîtres dites « Catholiques », c'est-à-dire non munies d'une suscription particulière, il n'en est pas une qu'on puisse songer à attribuer à son prétendu auteur, à l'apôtre Jacques ou à l'apôtre Pierre. Le curieux traité intitulé *Epître aux Hébreux* se donne lui-même pour une œuvre post-apostolique, et établit la vérité du christianisme par d'ingénieuses applications du rituel mosaïque.

J'ai réservé le groupe dit johannique, mais ne puis parler ici ni de l'*Apocalypse* ni des Epîtres attribuées à saint Jean. C'est l'Evangile connu sous ce même nom, le quatrième et dernier selon l'ordre traditionnel, que je dois caractériser brièvement devant vous.

Faisant très librement son choix dans le canevas des premiers évangiles, transformant certains épisodes au point de les rendre méconnaissables, l'auteur du quatrième évangile est dans la ligne de la philosophie platonicienne ou philonienne ; à la naïveté un peu brutale de la démonstration par voie de prophéties, il substitue une théosophie dont les esprits cultivés s'accommoderont plus aisément. Jésus est la raison divine, qui a été faite chair. C'est ici un christianisme symbolique ou allégorique, et vous n'avez pas oublié les curieuses propositions de M. Loisy, que j'ai été amené tout à l'heure à vous présenter. Avec le quatrième évangile débute cette importante littérature du second siècle, qui sut plaider avec succès la thèse du christianisme devant les hommes familiarisés avec la pensée grecque.

Voilà l'énumération, singulièrement rapide et incomplète, mais aussi exacte qu'il convenait au propos présent, des problèmes de l'exégèse biblique. Et, quand les livres en question, soumis au minutieux travail de l'explication critique, nous ont fait part de leur contenu, nous nous trouvons en mesure de restituer les phases essentielles de l'évolution religieuse qui, des origines juives, nous amène à la constitution de l'Eglise chrétienne.

Jusqu'au sixième siècle avant notre ère, le judaïsme nous offre le spectacle d'une religion particulariste et locale, qui use de symboles et de représentations matérielles analogues à ceux des autres cultes sémitiques.

Au cinquième siècle apparaît, — nous ne saurions, pour le moment, établir le processus de ce changement capital, — un type religieux, à la fois universaliste et spiritualiste, qui conserve néanmoins son attache locale par l'importance suprême donnée au Temple de Jérusalem. Le dieu qu'adorent désormais les Juifs est le Dieu unique, le seul vrai Dieu ; il a désigné Israël pour son élu, pour son favori, et admettra les autres nations à participer aux faveurs promises à ses fidèles. C'est donc là un incontestable exclusivisme religieux, malgré l'apparence d'universalité, ou de catholicité qu'implique l'appel adressé aux nations du dehors.

Sous ce rapport, une comparaison s'impose, — et elle n'est pas en faveur du judaïsme, non plus que de son héritier direct le christianisme, — avec les religions de la Grèce et spécialement de l'empire romain, qui se montrèrent accueillantes aux divers cultes et les réconcilièrent, tant par l'hypothèse des noms divers attribués essentiellement aux mêmes divinités que par la notion du Dieu présidant aux destinées de la collectivité politique et d'une Providence qui veille également sur tous. De l'opposition de ces deux points de vue naquit le violent conflit qui, après avoir abouti à la destruction du judaïsme en tant que nation, assura le triomphe définitif de l'exclusivisme chrétien.

Revenons à ce judaïsme spiritualiste des ve et ive siècles avant notre ère. Il est ardemment missionnaire et propagandiste ; il essaime dans toutes les directions grâce à l'ordre et à la paix que les royaumes de langue grecque et surtout l'empire romain garantissent dans l'ensemble du monde civilisé. Ces groupes locaux se montrent irréductibles aux sollicitations païennes et constituent autant d'ilots qui faciliteront ultérieurement la propagande chrétienne.

En Palestine, en Judée spécialement, ailleurs encore, croît et se développe l'effervescence messianique, l'attente de la révolution surnaturelle qui mettra les Juifs au pinacle, l'espérance d'un Messie, d'un Christ par lequel le Dieu des ancêtres, Yahvéh, établira le règne d'une paix sans fin, d'un bonheur sans atteintes.

Au temps du roi Hérode, ces espérances ont pour organe Jean le Baptiste : puis elles s'attachent à Jésus de Nazareth en Galilée, qu'un groupe enthousiaste salue du titre de Messie ou Christ et qui disparaît dans une bagarre au cours d'une fête de la Pâque, qui se célébrait à Jérusalem avec une affluence extraordinaire de Juifs venus de tous les points de l'horizon.

Quelques années plus tard, nous constatons l'existence de petites communautés ou Eglises, exprimant leur foi principale par cette formule : Jésus est réellement le Messie qu'avaient annoncé les prophètes. Une lutte, tantôt sourde, tantôt violente, s'engage avec le judaïsme officiel. De zélés missionnaires portent la nouvelle formule dans les synagogues disséminées sur la plus grande partie de l'empire romain.

Enfin, dans les dernières années du i^{er} siècle et dans le premier quart du iie, nous constatons que le christianisme est définitivement fondé, comme croyance, comme rite, comme organisation intérieure en opposition avec le judaïsme, sur le tronc duquel il s'est greffé comme la branche gourmande qui pompe le plus clair de la sève antique. Ce n'est plus l'Israël circoncis qui bénéficie du choix et de l' « élection » divine ; c'est l'Israël spirituel, l'Israël selon la foi et non selon la loi. Si donc les origines de ce grand mouvement sont mal connues, l'Eglise chrétienne de 100 à 150 nous apparaît à l'état d'organisme complet comme constitution ecclésiastique, comme culte et comme doctrine, en notant que, sur les deux premiers points, il a été fait surtout emprunt au judaïsme et que, sur le troisième, c'est la philosophie grecque qui a fourni les cadres.

III. — L'Enseignement de l'Exégèse biblique

Organisation présente de l'enseignement de l'Exégèse biblique en France. — Lettre adressée par Pie X aux évêques protecteurs de l'Institut catholique de Paris : insistance du pape en faveur de l'enseignement de l'histoire des religions et des origines chrétiennes. — Déclarations du recteur de l'Institut catholique. — Nécessité d'assurer l'enseignement méthodique et purement laïque de l'exégèse biblique aux divers degrés : Facultés, Lycées, Ecoles. — Propositions à cet égard.

Que les matières de l'histoire religieuse, tout particulièrement les données de l'exégèse scientifique propres à

1. Au moment où cette étude est sous presse, nous avons connaissance de l'important Syllabus rédigé par la «sacrée Inquisition romaine et universelle » et qui porte la date des 3-4 juillet 1907. C'est un résumé très complet des principales propositions de l'exégèse contemporaine. M. Loisy n'est pas nommé au cours de ces soixante-cinq articles, mais ses thèses familières sont analysées avec précision. Les cardinaux, «Inquisiteurs généraux en matière de foi et de mœurs », jugent les propositions énoncées « dignes d'être réprouvées et proscrites comme ils les réprouvent et proscrivent par ce décret général. »

nous renseigner exactement sur le judaïsme biblique et sur les origines et le développement des Eglises chrétiennes, doivent être fortement représentées dans l'enseignement public à ses différents degrés, c'est une thèse tellement évidente à l'heure présente, que nous ne nous attarderons pas à l'établir. Il nous paraît plus expédient de rappeler ce qui a été déjà fait à cet égard et ce qu'il y a lieu d'instituer sans délai.

Il existe, depuis 1880, une chaire d'Histoire générale des Religions au Collège de France ; en 1886, a été organisé à l'Ecole pratique des Hautes-Etudes, à la Sorbonne, une section dite des Sciences religieuses, où il est traité des principales religions du passé et du présent d'après les documents originaux, égyptiens, assyriens, hébreux, sanscrits, chinois, arabes, grecs, latins : l'exégèse de l'Ancien et du Nouveau Testament y a la place nécessaire ; mais c'est un enseignement d'érudition, dont la clientèle est restreinte. Enfin, en 1906, la Faculté des lettres de Paris s'est vue dotée de chaires d'hébreu et de littérature biblique, d'origines chrétiennes et d'histoire de l'Eglise.

Cette dernière création — et, d'une façon générale la part faite dans le haut enseignement parisien aux matières religieuses — semble avoir provoqué l'émulation du Vatican, et le pape Pie X adressait, en date du 6 mai 1907, aux évêques protecteurs de l'Institut catholique de Paris, une lettre pressante, par laquelle il les invite à faire place aux branches d'études que réclament les circonstances présentes. Je tiens à vous soumettre les principales de ces considérations.

Le pape commence par s'inquiéter de la restriction qui pourrait être apportée à l'enseignement que donne l'Institut par suite des difficultés actuelles et il poursuit ainsi :

Il ne faut pas mettre l'Institut au rang des choses que l'on peut sacrifier, mais de celles, au contraire, que l'on doit

conserver à tout prix. Il est facile de voir qu'en ces circonstances, si malheureuses pour la France, ce qui, par-dessus
tout, est en grand péril, c'est la jeunesse. Soustraite en
grande partie à la sollicitude et à la tutelle de l'Eglise, elle
est poussée en masse vers ces collèges publics et grands
lycées, que l'on dirait faits tout exprès pour déraciner dans
les âmes le sentiment religieux.

Eh bien ! si nous ne pouvons complètement remédier à
un pareil mal, du moins, tout ce qui nous reste à l'égard
de nos jeunes gens d'établissements d'instruction catholiques, nous devons faire tous nos efforts pour le conserver
dans son intégrité.

Il n'y a donc pas d'hésitation possible : cet Institut
catholique de Paris que vous avez soutenu jusqu'ici, vous
voudrez le soutenir encore et même le perfectionner
comme l'exige la défense de la religion. Dans l'enseignement supérieur public, vous le savez (ici, une allusion
directe aux enseignements nouvellement institués à la
Faculté des lettres de Paris), on a récemment fondé certaines chaires, spécialement destinées à combattre la vérité
catholique. Il est à souhaiter que, dans votre Institut, des
enseignements analogues soient donnés par des maîtres
capables de réfuter nos adversaires.

Je ne m'attarderai pas à relever l'injustice de certains
griefs. Il n'est pas équitable de représenter nos Lycées
comme « faits tout exprès pour déraciner dans les âmes
le sentiment religieux » ; il ne l'est pas davantage de
déclarer que l'enseignement qui vient d'être institué près
la Faculté des lettres de la capitale « est spécialement des-
tiné à combattre la vérité catholique ». Mais ce qui me
frappe, — et ce qui n'a pas manqué de vous frapper, —
c'est la décision avec laquelle la papauté suit l'enseignement laïque sur son propre terrain, tournant — ou s'effor-
çant de tourner — ses méthodes d'interprétation philologique et critique des documents en leurs textes originaux
au profit de la croyance catholique. Il y a là un phénomène considérable, trop négligé dans les ardeurs et les
confusions de la politique et de la polémique courantes.

Cette impression se précisera encore quand je vous aurai donné connaissance des détails publiés par un journal parisien (1), qui relate un entretien sur ce même objet d'un de ses rédacteurs avec M. Baudrillart, le nouveau docteur de l'Institut catholique :

La lettre du Pape a une portée plus étendue qu'on ne pourrait le croire. Ce n'est pas seulement pour l'Institut catholique de Paris qu'il a parlé ; c'est pour les cinq Universités catholiques de France ; mieux encore, c'est pour l'Europe, pour le monde entier... — Le cardinal Vivès a insisté auprès des théologiens catholiques des autres pays et d'après les instructions de Pie X, sur ce point qu'à Paris on devait donner des exemples que le Pape désirait voir suivre partout.

Dans sa lettre, Pie X n'indique pas nommément quelles chaires nouvelles doivent être créées ; mais, dans son entretien avec moi, il a précisé sa pensée. Des deux chaires, dont le Pape désire surtout la création, la première est une chaire sur l'étude des Origines du christianisme. Le christianisme peut être envisagé comme un fait et un dogme. C'est le même professeur qui devra étudier les origines du christianisme pendant les cinq premiers siècles, montrer comment il s'est établi et propagé et exposer la formation et le développement du dogme catholique.

La seconde chaire dont le Pape désire la création est une chaire d'Histoire des religions. Pie X tient beaucoup à la création de ce cours. « Il est nécessaire, m'a-t-il dit, et il faut que ce projet soit promptement mis à exécution. »

Pour cette seconde chaire et vu la difficulté qu'on rencontrerait à désigner un savant également versé dans les diverses langues des documents originaux, — un hébraïsant qui fût en même temps sanscritiste et sinologue, — M. Baudrillart a déclaré sa résolution de faire appel à plusieurs spécialistes autorisés, dont chacun traitera de la religion des pays dont il est en état de comprendre et d'interpréter la langue.

1. L'*Eclair* du 16 mai 1907.

Nous ne pouvons que donner notre approbation à cette remarque ; on a reproché, en effet, dans les cercles de l'érudition à la chaire d'Histoire des Religions du Collège de France de supposer chez son titulaire des connaissances vraiment encyclopédiques, qui ne sauraient répondre aux exigences précises de chacune de ses branches. La division du travail est une nécessité de la science moderne, — et c'est l'Institut catholique qui nous en fait souvenir.

Le xviiie siècle s'est fait de singulières illusions sur le véritable caractère des phénomènes religieux : il a cru qu'une polémique vive et spirituelle, frottée de quelque érudition, en percerait le mystère. Le xixe siècle a repris le problème et a accumulé les matériaux propres à fixer les idées. Il appartient au xxe siècle commençant de poursuivre, dans l'enseignement supérieur, les études spéciales, propres à élargir le domaine de nos connaissances, et d'en distribuer les résultats les plus solides soit dans l'enseignement secondaire, — le Lycée, — soit dans l'enseignement primaire, — l'Ecole.

CONCLUSIONS

Sous quelle forme la chose peut-elle se faire? différentes propositions ont déjà été émises à cet égard. Elles doivent être dominées par cette considération, que l'exégèse biblique et l'histoire des religions ne doivent pas prêter à une polémique irritante, mais doivent être présentées comme un chapitre d'histoire appuyé sur des documents dignes de foi. Ce que nous sommes en mesure de réaliser quand nous exposons impartialement les croyances et les institutions religieuses de l'Egypte, de l'Assyrie, de l'Inde, de la Chine, serons-nous incapables de le mener à bien quand il sera question du judaïsme et du christianisme, c'est-à-dire des croyances et des rites qui ont déterminé l'organi-

sation religieuse des nations occidentales, chez nos ancêtres et auprès de nous-mêmes ? Ne serait-ce pas faire injure
à la science moderne de la tenir pour incapable de s'élever
au-dessus du préjugé vulgaire qui dit : *Cela est tel, cela doit
être tel,* alors que le véritable problème à résoudre, à
la fois sur le terrain historique et sur le terrain psycholo-
gique, est : *Pourquoi cela a-t-il été tel, pourquoi cela est-il
tel ?*

Pour la fixation des programmes d'histoire religieuse dans
les établissements de l'Etat, on pourra consulter le rapport
que j'ai présenté il y a deux ans (juillet 1905) au Congrès
tenu à Paris par l'*Association Nationale des Libres Penseurs.*
ou la *Pétition aux Chambres* (1906) rédigée par le *Groupe
d'études et de propagande rationalistes.*

Les conclusions de ces deux documents aboutissent à
peu près aux propositions suivantes.

ENSEIGNEMENT SUPÉRIEUR. — Instituer dans les Facultés de
lettres des diverses Universités de France, des chaires
d'hébreu et littérature biblique, d'origines chrétiennes,
d'histoire de l'Eglise et d'histoire générale des religions.

ENSEIGNEMENT SECONDAIRE. — Dans les deux cycles historiques superposés dans le programme actuel, donner un
suffisant développement à l'exposé des institutions religieuses des différents peuples, spécialement des nations
occidentales ; dans le programme de la classe de philosophie introduire quelques leçons de psychologie religieuse.

ENSEIGNEMENT PRIMAIRE. — Notions sommaires sur les
grandes religions existantes, en faisant ressortir le devoir
humain de tolérance et de respect des croyances diverses
ainsi que des opinions philosophiques.

Permettez-moi ici de rappeler les termes dont j'usais
dans les conclusions du rapport sur *l'Histoire des Religions
dans l'enseignement public,* auquel il a été fait allusion tout
à l'heure :

J'ai marqué nettement que nous nous conformerions à l'évolution générale de l'esprit moderne en substituant au procédé *dogmatique*, qui est l'affirmation d'une vérité imposée, le procédé *historique*, qui est l'examen méthodique des faits, des documents et des personnes, restitués dans le milieu où ils ont pris naissance et où ils se sont développés.

Je n'ai rien à ajouter à cette déclaration de principes : Voilà l'Exégèse biblique, l'étude du judaïsme et du christianisme, telles que nous les concevons, telles que nous voulons les pratiquer.

Je ne saurais terminer cet exposé sans exprimer devant vous un regret, qui sera en même temps une espérance et un appel.

En présence de la résolution qu'a prise le chef de l'Eglise — et dont on doit apprécier la valeur sans esprit de parti — de fortifier l'enseignement supérieur de l'Exégèse biblique, des Origines chrétiennes et de l'Histoire des grandes Religions dans les établissements catholiques, il est grand temps que l'Etat renonce définitivement à l'indifférence et à l'inertie qu'il a montrées en cette matière. Depuis trente ans, il est sollicité de donner à cet enseignement le développement et l'organisation méthodiques, dont les peuples étrangers lui offrent les modèles. Il ne s'est résolu à entrer dans cette voie qu'à son corps défendant, sous la nécessité des circonstances et dans une forme dont on peut contester l'opportunité.

En 1880, il créait la chaire d'histoire des religions du Collège de France sans prendre soin de la placer dans la dépendance immédiate de l'interprétation philologique.

En 1886, à la suite de la disparition des Facultés de théologie catholique, il créait la Section des Sciences religieuses de l'Ecole pratique des Hautes-Etudes, sans réfléchir qu'elle ne pouvait trouver dans la clientèle des Facultés les élèves indispensables, tant que les programmes des

Lettres ne s'ouvraient pas aux matières de l'histoire religieuse.

En 1906, il a fallu une vive intervention de personnes dévouées à la formule de la laïcité pour qu'on ne transportât pas purement et simplement à la Faculté des lettres de Paris, le personnel enseignant de la Faculté de théologie protestante, disparue par suite de la loi de Séparation.

A ces mesures occasionnelles — et tant soit peu incohérentes — doit succéder l'application d'un plan raisonné.

Il est, en vérité, de peu de portée d'avoir proclamé l'indépendance et le caractère franchement scientifique de l'enseignement à tous les degrés, si ce ne doit être là qu'une étiquette masquant l'indécision et le flottement. L'Allemagne, la Hollande, l'Angleterre, les Etats-Unis nous devancent à cet égard ; il semble que, par une lassitude coupable, on se contente du plus léger prétexte pour se dérober au devoir impérieux qu'exige le développement des sciences historiques et philologiques appliquées au problème religieux.

Libres penseurs du xxᵉ siècle, resterons-nous en arrière de ce que commande le pape Pie X pour les établissements où sa voix est écoutée comme l'ordre imprescriptible d'un directeur spirituel, et regarderons-nous placidement les troupes du Vatican s'ébranler, nous-mêmes restant immobiles et l'arme au pied, sous prétexte que, dans un budget de trois milliards, nous ne saurions trouver deux cent mille francs pour une cause de libération intellectuelle ?

Maurice Vernes

Le Congrès aborda ensuite la troisième question : *la Libre Pensée dans la Famille.*

La commission de propagande s'était principalement occupée de l'organisation de *comités de fêtes* et *cérémonies civiles*. L'avis de tous les délégués fut que l'Association devrait, dans le régime de la Séparation, s'attacher à cette création absolument nécessaire.

M. Leclerc de Pulligny lut, à ce sujet, un rapport très intéressant, qui aboutit à des conclusions pratiques.

LA LIBRE PENSÉE
DANS LA FAMILLE

*Organisation de comités de fêtes et de cérémonies
civiles et de culture morale*

PAR LECLERC DE PULLIGNY

Au Congrès de 1905, nous avons entendu un excellent rapport de notre dévouée vice-présidente Mme Edwards-Pilliet sur la *Libre Pensée dans la famille*.

Je vais relire les conclusions de notre amie, et vous demander de les voter de nouveau ; car certains progrès ont pu être réalisés sur les points indiqués, mais la nécessité de la lutte s'impose toujours et nous sommes sans doute loin du moment où les libres penseurs pourront désarmer.

Voici les conclusions du travail de Mme Edwards-Pilliet.

Libres penseurs, vous n'avez pas le droit de vous désintéresser de la mentalité de votre épouse, de votre compagne.

Il y va du bonheur, de la paix du foyer et de l'avenir de vos idées.

Soyez de vrais libres penseurs ; admettez la foi de votre

jeune femme. Mais ne méprisez pas cette intelligence qui ne connaît pas encore la vérité.

Sans aborder de suite, les grands problèmes, dans ces six premiers mois du mariage où, d'une jeune fille, vous avez fait une femme, votre compagne, rappelez-vous qu'elle a les yeux, les oreilles tournés vers vous, bien prête à accepter les enseignements que vous daignerez lui donner. Ne la traitez pas avec ce dédain qui l'avilit au rang des jouets et des poupées. Discutez quelques actes, quelques faits, puis des idées. Et comme son intelligence est généralement avide de savoir, cette petite portion de Vérité et de Justice que vous lui faites entrevoir, lui donnera le désir d'en savoir davantage.

Emmenez-la à vos réunions de libre pensée ; les loges ont eu le tort de laisser de côté la femme. Appelez-la, initiez-la graduellement, et, en lui enseignant la Vérité et la Justice, vous fonderez votre bonheur sur une base sérieuse et solide.

Ce travail de chaque ménage peut être aidé par quelques actes collectifs que nos amis nous ont demandé d'indiquer, nous les rattacherons aux trois questions suivantes :

1° Ce qui concerne le libre penseur en tant que chef de famille.

2° La Surveillance de l'école.

3° L'Organisation de l'Assistance.

Votre Commission a émis à cet égard un certain nombre de vœux :

I. Tout membre de l'Association Nationale des Libres Penseurs de France, à son entrée dans la société, est tenu de déposer un testament exigeant des obsèques civiles.

II. Les obsèques civiles sont de règle pour toute personne n'ayant pas demandé par écrit des obsèques religieuses.

III. La Commission repousse toutes théories accordant au père ou à la mère un droit exclusif sur la conscience de l'enfant et réclame pour celui-ci la neutralité absolue.

Tels sont les vœux que vous avez adoptés en 1905 et je vous demanderai de les voter encore tout à l'heure ; mais ce n'est pas tout, et aux méthodes de propagande recommandées alors aux libres penseurs pour conquérir à leurs idées leurs femmes et leurs enfants, plusieurs d'entre nous ont pensé qu'il était nécessaire d'en ajouter quelques autres et c'est celles-là que j'ai été chargé de vous exposer.

*
* *

Le point de vue qui consiste à ne voir dans l'histoire des religions qu'une longue mystification de l'humanité est aujourd'hui dépassé. Ce n'est plus un point de vue scientifique, et il n'est plus permis de dire ni de penser que tous les prêtres ont été des fourbes ou des aliénés, et tous les fidèles des malins ou des imbéciles. En réalité, la religion a été pendant longtemps étroitement associée à tout ce qui concernait le développement intellectuel et moral de l'humanité, à tout ce qui dépassait la satisfaction de ses besoins purement matériels, à tout ce qui, une fois ces besoins satisfaits, ennoblissait et ennoblit encore la vie.

A toutes ces aspirations intellectuelles et morales, les religions ont offert des satisfactions qui nous semblent aujourd'hui puériles.

Mais prenons garde d'être injustes. Ce qu'il faut reprocher aux religions, ce n'est pas d'avoir contenté jadis les hommes avec peu de chose, c'est de vouloir qu'ils s'en contentent encore.

L'insuffisance des explications religieuses en ce qui concerne la connaissance du monde, je n'ai pas besoin de vous la rappeler. La religion a reçu des hommes ou de Dieu la science toute petite. Elle l'a abritée dans ses sanctuaires où elle n'a guère grandi d'abord, et cet arrêt de croissance pendant de longs siècles n'a pas paru gêner beaucoup les prêtres. Ils se sont inquiétés au contraire quand leur pupille a commencé de se développer, quand elle a mis le nez à la fenêtre et a demandé à marcher seule : à partir de ce moment les relations avec elle se sont tendues, puis sont devenues mauvaises, et enfin une séparation radicale s'est produite. Depuis lors c'est à peine si on se

salue. Et pourtant la science n'en veut pas à la religion ;
elle reconnaît volontiers les services qu'elles a rendus à
l'enfance de l'humanité. Mais elle constate aussi que
celle-ci a grandi et que sa vieille nourrice a tort de vouloir
la tenir toujours sous la même férule au lieu de reconnaître qu'elle même a bien vieilli, qu'elle va disparaître et
que son devoir est d'accepter sa fin prochaine, puisqu'elle
est inévitable, tout en aidant à préparer les disciplines
rationnelles, scientifiques et purement humaines, qui succé-
deront aux disciplines théocratiques dont l'humanité
adulte ne veut plus.

La science est d'ailleurs une grande fille qui marche droit
et vite, et chaque jour elle accroît l'admirable trésor qu'elle
met à la disposition des hommes. Ce trésor scientifique, il
faut qu'il ne reste pas l'apanage d'une minorité privilégiée.
Il faut que tous puissent y puiser selon leurs besoins. La
Libre Pensée peut et doit participer à cette diffusion bien-
faisante, et tous ses membres doivent être les apôtres de ce
nouvel évangile, les missionnaires de cette dernière bonne
nouvelle. Notre ami Russacq va vous dire excellemment
quelques-uns des meilleurs moyens à employer pour
atteindre ce but. Je n'y insiste pas.

✱
✱ ✱

Est-ce tout ? Quand tous les hommes seront instruits,
seront-ils heureux ? Quand la science leur aura donné du
pain et enseigné la technique du bonheur, sauront-ils
vouloir être heureux ?

Il faudrait être aveugle pour le croire ; car il suffit de
regarder les privilégiés de l'humanité, ceux qui ont du
pain et de la science plus qu'ils n'en peuvent consommer.
Sont-ils heureux, ces hommes qui se disputent les richesses avec tant de férocité qu'ils sont obligés de devenir
millionnaires pour être sûrs de ne pas finir en mendiants ?

Que leur sert leur science, à ces barbares qui n'ont pas encore supprimé la guerre ? Car ce ne sont pas les peuples, ce sont eux les rois de l'or et de la banque, qui la rendent inévitable, qui la préparent, qui la déchaînent !

Non, ni le pain ni la science ne suffisent à rendre les hommes heureux. Pour faire régner la paix entre les peuples et entre les individus, il faut cultiver en eux des idées et des sentiments qui sont le noble apanage de l'humanité, sa raison d'être, son seul titre réel à l'empire qu'elle s'est taillé dans la nature.

Ces sentiments affectueux sont innés chez les mères, et c'est de leurs mamelles gonflées de tendresse qu'ils ont coulé dans les veines de chacun de nous.

Mais pour qu'ils arrivent à s'épanouir dans l'homme fait, pour empêcher qu'ils ne soient étouffés par les appétits égoïstes que nous devons à notre ancestralité animale — ce péché orignel ! — il faut une véritable culture qui arrache les mauvaises herbes de nos cœurs et y assure le développement des bonnes semences.

Les religions de tous les temps et de tous les pays ont organisé cette culture. Elles l'ont faite à tâtons, empiriquement, traditionnellement, par des méthodes incertaines et maladroites qui remplaçaient autrefois la science. Mais elles l'ont faite, et c'est dans leurs temples majestueux, c'est dans leurs cérémonies magnifiques, que nos pères allaient satisfaire et retremper ces sentiments vraiment et noblement humains, qui sont encore dans nos cœurs. Ils les expliquaient religieusement, et nos explications à nous sont rationnelles; mais, sous ces idées différentes, les émotions n'ont pas changé. Ce sont toujours des aspirations vers la justice par le respect de soi-même et l'amour des autres hommes !

Ces émotions bienfaisantes, c'est à la Libre Pensée d'en organiser maintenant la culture rationnelle et scientifique.

Empiriquement, traditionnellement, l'Eglise avait découvert le rôle indispensable que jouent dans cette culture certaines cérémonies, celles surtout qui ont pour objet de célébrer les grandes étapes de la vie humaine, en commençant par la naissance pour finir à la mort.

Rien ne nous paraît trop beau dans ces instants si doux ou si tristes, rien n'est trop grand, rien n'est trop solennel pour exprimer à ceux qui nous aiment la profondeur de l'émotion qui nous étreint, et pour en graver le souvenir dans leur mémoire et dans la nôtre.

Les cérémonies de l'Eglise satisfont admirablement ces penchants de nos cœurs. A ces satisfactions légitimes ajoutez celles de la vanité souvent, et la crainte du « qu'en dira-t-on » pour qui s'en dispense, et jugez de la force que ce besoin de cérémonies conserve à l'Eglise.

Dans ce qu'il a de noble et de vraiment humain, ce besoin est parfaitement légitime. Rien ne nous autorise à le combattre et tout doit engager la Libre Pensée à le satisfaire.

C'est ce que les libres penseurs ont déjà compris.

**

Mais l'organisation de cérémonies clairsemées ne suffit pas si la Libre Pensée veut réellement satisfaire à ces aspirations morales que tant de nous sentent confusément dans leurs cœurs.

C'est régulièrement que les groupes de libres penseurs devront se réunir pour penser à ces questions de perfectionnement individuel et pour en parler, pour entendre ceux de leurs amis qui en ont fait une étude plus spéciale et pour provoquer leurs explications.

M. Durkheim a dit : « La morale est ce qu'il y a de *vital* dans la discipline collective. » C'est à déterminer ce qu'il y a de *vital* dans nos habitudes et dans nos opinions, qu'il faut nous attacher d'abord ; car *vivre* est la première des nécessités pour les individus comme pour les sociétés, et il n'est pas douteux que certains états de dérèglement et de relâchement conduisent les uns et les autres à la mort.

Donc apprendre à connaître nos devoirs privés et sociaux d'abord, apprendre ensuite à les aimer et à les observer, les enseigner à nos enfants, telle serait la belle tâche que nos sociétés de fêtes et cérémonies civiles auraient à remplir, en dehors de l'assistance qu'elles prêteraient à leurs membres pour des parrainages, pour des mariages ou pour des obsèques.

En résumé, comme suite aux explications que je viens de fournir je vous propose d'émettre les vœux suivants :

Le Congrès renouvelle les vœux de 1905 qui concernent l'organisation de la Libre Pensée dans la famille.

En outre, le Congrès émet le vœu :

1° Que les groupements de libres penseurs organisent des sociétés de fêtes et cérémonies civiles pour prêter leur concours à toutes les personnes, adhérentes ou non, qui désirent renoncer aux cérémonies des Eglises et pour les remplacer ;

2° Que les groupements de libres penseurs organisent pour eux-mêmes, pour leurs enfants et pour leurs conci-toyens, une culture morale appropriée à leur idéal de jus-tice et de fraternité ;

3° Qu'ils cherchent les éléments de cette culture par une critique rationnelle et scientifique dans tout le patrimoine philosophique et religieux de l'humanité, et qu'à côté de la raison ils donnent aux sentiments affectifs la grande place qui leur revient dans cette culture, à cause du rôle impor-tant qu'ils jouent dans la détermination de nos actes ;

4° Qu'en vue d'organiser cette culture, ils appellent à une collaboration affectueuse tous les braves gens qui consen-tent à leur communiquer le résultat de leurs méditations et de leur expérience, même ceux qui expliquent encore leurs sentiments altruistes par des croyances métaphysiques, sous la seule condition que ces croyants repoussent tout esclavage dogmatique et acceptent pleinement la méthode du libre examen.

.*.

Ces vœux furent votés d'acclamation par le Congrès.

M. Charbonnel proposa alors qu'un Congrès extraordinaire fût organisé au mois de décembre avec la mission exclusive d'étudier cette organisation de sociétés de fêtes et cérémonies civiles. Il en fut ainsi décidé.

M. Hubbard demanda que les maires républicains fussent invités à ce Congrès, car c'est dans les mairies que les fêtes et cérémonies civiles, du mariage spécialement, pourront être célébrées.

.*.

Enfin le congrès eut à examiner les moyens de diffusion de la science et des idées laïques dans les familles, surtout dans le peuple. M. Georges Russacq avait fait approuver par la commission de propagande un rapport très documenté sur ce sujet. Il en donna lecture.

L'ÉDUCATION LAÏQUE DES CONSCIENCES

PAR GEORGES RUSSACQ

Nous sentons tous, en ce moment, l'obligation pour la Libre Pensée de renouveler son programme. L'ère des corps à corps avec l'Eglise est terminée, dont nous avions pris l'habitude, la religion enfin rayée de la liste de nos institutions officielles, le but atteint par conséquent de l'agitation anticléricale qui avait semblé jusqu'ici épuiser nos ambitions.

Et notre dessein, fermement arrêté, est désormais de songer à édifier après avoir détruit. Nous avons jeté bas les idoles ; il s'agit maintenant de dresser devant tous la vérité. Nous avons défriché le champ de l'esprit public, arraché la mauvaise herbe des préjugés dogmatiques ; l'heure est venue des semailles.

Quelle est donc la tâche positive à laquelle nous pouvons nous consacrer ?

Le programme même de ce Congrès nous permet de la préciser. En particulier, à nous, troisième commission, que demande-t-on ? Chercher les moyens d'imprégner de Libre Pensée la famille ; après la Séparation des Eglises et de l'Etat, entreprendre la Séparation des Eglises et de l'Individu.

Qu'est-ce à dire ? Et nous demande-t-on de continuer, sous une autre forme, la lutte contre le clergé.

La vérité, c'est que nous avons à nous préoccuper de faire cesser une anomalie des plus graves.

Contrairement à l'usage, les lois chez nous viennent pour une fois de devancer les mœurs. Nos institutions aujourd'hui officiellement sont laïques. Mais la masse de la population offre ce singulier phénomène d'hommes qui, citoyens, votent en libres penseurs et qui, individus, continuent à se soumettre, au moins dans les grandes circonstances de la vie, aux prescriptions de la loi religieuse.

Et cette contradiction entre les opinions et les coutumes se renforce d'une anomalie encore plus inquiétante, au moment surtout où la démocratie aborde le problème éminemment pratique des transformations sociales : la plupart de ceux-là mêmes qui se réclament de l'étiquette libre penseuse ne sont en trop d'occasions que des libres penseurs d'attitude, et leur mentalité intime reste profondément imprégnée d'esprit dogmatique, ou tout au moins se révèle très peu familiarisée avec les procédés de la réflexion personnelle et du libre examen.

En sorte que si nous n'avons plus à dépouiller le prêtre de son auréole, si le clergé a cessé d'exercer sur le plus grand nombre d'entre nous une influence immédiate, il reste à nous débarrasser des habitudes de foi aveugle et à corriger le tempérament religieux que nous avons fâcheusement hérité de nos fréquentations d'Eglise au cours de notre première enfance.

Ce n'est donc pas la guerre au cléricalisme précisément qu'il nous faut transporter au sein de la famille.

Ce que les nécessités de l'heure et de la situation nous contraignent à entreprendre, en réalité, c'est *l'éducation laïque des consciences, la formation critique des esprits.*

On vous a dit d'autre part comment nous pourrons donner satisfaction au sentiment qui jusqu'ici était en quelque sorte l'apanage des cérémonies du culte. Ma tâche personnelle est de vous signaler la *nécessité* et de vous indiquer *quelques moyens* d'assurer d'abord au plus grand nombre *une formation intellectuelle* en harmonie avec les principes de la Libre Pensée.

I

Nous n'avons guère eu le loisir jusqu'ici de nous montrer difficiles sur la qualité de nos troupes. En pleine guerre religieuse, il suffisait qu'on se rallie à notre drapeau pour être accepté d'emblée dans nos cadres ; par là même qu'on mettait un certain entrain à faire le coup de feu contre e clergé, le courage et la bonne volonté, qui étaient les grandes vertus nécessaires du moment, tenaient lieu de tout examen et méritaient aussitôt le titre de libre penseur. Dès qu'un partisan résolu se présentait, nous le jetions aussitôt dans la mêlée, ne lui demandant que de frapper fort, le laissant au besoin ramasser les armes de l'adversaire et lui emprunter ses procédés de discussion, excusant le fait pour l'intention, nous aussi, au profit le plus immédiat d'une cause ardemment discutée. Et c'est ainsi que trop souvent ces masses ont pu abandonner les dogmes, les prêtres et les rites de leur première éducation ; ils n'ont fait en réalité que changer de religion. Sans doute ils ont cessé de réciter le catéchisme de Rome ; mais leurs convictions nouvelles ne se bornaient pas moins, tout comme les anciennes, à répéter des mots qu'ils entendaient tout le monde prononcer autour d'eux. Ils ont cru au savant comme ils avaient cru au prêtre. Un fétiche tout-puissant, dans les représentations simplistes de leur cerveau, a pris la place d'une providence mystérieuse, sans qu'ils deviennent capables de donner une raison, à moins qu'elle ne soit pitoyable, d'une évolution qui ressemblait fort à une conversion. C'est encore un catéchisme qu'ils ont adopté, républicain, je sais bien, radical ou socialiste, mais un catéchisme tout de même. Catholiques ou libres penseurs ? Pur changement d'étiquette ; ralliement de Panurges aux suggestions de la majorité. Leur mentalité est restée celle du croyant.

*
* *

Au lendemain de la séparation, la Libre Pensée en France est un peu dans la situation du vainqueur qui entre dans une place conquise après une longue campagne de luttes acharnées.

L'adversaire est enfin délogé. Nous ne pouvons pas plus longtemps nous obstiner dans des attaques dont l'âpreté n'avait pour excuse que l'importance de l'enjeu et l'urgence du triomphe. Au reste, la vie qui marche a posé devant l'esprit public d'autres problèmes ; l'ambition de nouvelles conquêtes rejette déjà dans l'ombre le souvenir même des plus récents progrès. Nous risquerions de tomber au rang d'une société d'études rétrospectives ou d'un Conservatoire de monuments historiques, si nous restions plus longtemps les yeux fixés sur une tâche qui appartient déjà au passé.

A la lutte des esprits qui se débattaient pour échapper à l'étreinte de l'Eglise, a succédé la poursuite des améliorations sociales. La Libre Pensée a un rôle à jouer dans la solution de ces problèmes économiques, à première vue si différents des questions religieuses qui furent jusqu'ici sa spécialité presque exclusive.

Libre Pensée signifie avant tout esprit critique. Et l'esprit critique n'a pas épuisé son objet quand il a réduit à néant les prétentions de la révélation divine. Il doit exercer également son contrôle dans tous les champs de la connaissance, comme il doit vérifier tous nos mobiles d'action. Jusqu'à ces derniers jours, sans doute, il a fallu s'en tenir à la destruction des préjugés religieux parce que la religion toute-puissante se dressait comme le danger le plus menaçant qui guettait nos consciences. Mais l'anticléricalisme, au vrai, n'était qu'une attitude imposée par les circonstances historiques de la société où nous vivons. Aujourd'hui, les circonstances sont autres ; la Libre Pensée se doit d'exercer sa même tâche de critique sur le nouveau terrain des activités contemporaines. Et le rôle qu'elle peut jouer dans le mouvement économique est aussi important que celui qu'elle vient d'assumer quand il s'agissait de conjurer le péril clérical. Ces problèmes du mieux-être en effet sont complexes; les solutions restent encore pour nous enveloppées d'une. brume inquiétante. L'étude des moindres réformes, comme l'essai des plus timides applications, alors que le sort de tout un peuple est en jeu, réclament de tous, — des dirigeants qui présideront aux tentatives, comme du corps électoral qui indiquera ses préférences, — une claire vue des possibilités et une sagesse patiente ; ce qui suppose dans la nation l'existence d'une majorité importante d'esprits libres, éduqués et conscients. Et c'est précisément cette éclosion des mentalités nécessaires à une heureuse solution des problèmes économiques que doit préparer la Libre Pensée, comme elle avait entrepris d'affranchir les cerveaux de toute servitude confessionnelle quand la tâche s'imposait d'arracher le pays à la domination cléricale.

L'œuvre est d'autant plus urgente que ces qualités d'esprit indispensables au succès des tentatives présentes d'amélioration sociale, nous en sommes tous plus ou moins, semble-t-il, fâcheusement dépourvus.

Notre démocratie a abordé ces problèmes pratiques infiniment délicats avec un appétit de solutions immédiates qui peut avoir son excuse, mais qui surtout a sa source dans une ignorance totale des difficultés de la situation. Et les responsabilités de la faute initiale remontent sans doute aux dirigeants de nos destinées publiques, eux-mêmes faiblement armés pour discerner les possibilités exactes et qui ont fait miroiter imprudemment des solutions théoriquement simples, et que la pratique révèle pleine d'aléas. C'est que, il faut bien l'avouer, la lutte religieuse qui vient de se terminer, les a mal préparés à la rigueur de méthode et à la précision des vues que réclament les sciences sociales. Chez les chefs, tout comme nous l'avons vu chez les soldats, au long d'une suite ininterrompue de polémiques et de bagarres, l'habitude s'est prise des violences de langage et des exagérations de l'idée. Entraînés parfois à poursuivre l'ennemi jusque sur son terrain, tous nous l'avons combattu trop souvent à l'aide de ses propres méthodes ; les affirmations hautement répétées remplaçaient fréquemment les démonstrations consciencieusement déduites. Et ce pouvait être de bonne guerre. Mais c'étaient, là aussi, de mauvaises habitudes. Habitudes dangereuses chez ceux qui sont naturellement des guides et dont les erreurs d'appréciation ne peuvent manquer d'entraîner d'autres après eux ; habitudes dangereuses surtout aujourd'hui ; elles pouvaient encore rester sans conséquence appréciable tant qu'il s'agissait d'une lutte d'opinion, tant qu'on évoluait sur le terrain de la métaphysique ; mais dans les faits sociaux, elles provoqueront des fautes d'orientation qui finiront par aboutir à des désastres matériels, par se traduire en une augmentation de souffrance et de misère.

*
* *

Déjà, à l'heure actuelle, l'incertitude des esprits en matière économique risque de faire déclarer la faillite des premiers essais. Nous n'osons rien entreprendre, et les réformes, l'ordre du jour restent en suspens, parce que le moindre hasard provoque dans l'opinion une panique irraison-
née à l'approche des solutions qui, à leur annonce, avaient
bénéficié d'un enthousiasme irréfléchi. Voyez, par exemple, le récent avatar de l'impôt sur le revenu. Depuis des
années, une tradition complaisante faisait inscrire cette
réforme dans les programmes du parti en ce moment au
pouvoir. Or, au mois de juin, un déchaînement de critiques a tout d'un coup submergé le projet en discussion.
L'occasion? Le prétexte? Un mot équivoque du ministre
des Finances. Les « classes moyennes », annonçait-on, sup-
porteraient presque seules désormais, le poids de l'impôt.
Ce n'est ici ni de notre droit, ni de notre compétence de
rechercher si les critiques étaient justifiées ou non. Un fait
seul est à retenir : aux commerçants, aux industriels, aux
chambres et syndicats de patrons, à tous les représentants
d'une classe que par profession on pourrait croire exclusivement préoccupée de faits et uniquement soucieuse des
réalités, il a fallu le coup de fouet d'un mot pour qu'éclate
leur cri d'alarme dans une question où les chiffres seuls
devaient parler.

La leçon claire qui se dégage c'est qu'une tendance fâcheuse
menace de faire succéder dans la croyance de la nation les
mythes économiques aux fables religieuses. Et ce phénomène, déconcertant chez un peuple de libres penseurs, in-
quiétant pour l'avenir même des réformes qui nous sont chè-
res, résulte simplement de ce que nous n'avons pas encore
eu le temps de nous débarrasser de notre mentalité dogmatique et d'acquérir un esprit véritablement critique. Nous
restons des religieux et surtout des catholiques, tout de
suite séduits par les formules simples et incapables de per-

cer le mensonge des mots auxquels notre oreille est habituée.

Notre excuse jusqu'ici a été que l'ennemi nous pressait : avant de songer à l'éducation intégrale de nos esprits, il fallait d'abord les défendre de l'envahissement clérical. Le danger est écarté à cette heure. La tâche s'impose donc sans retard à la Libre Pensée d'assurer au plus grand nombre une formation intellectuelle en harmonie avec les principes de critique et de libre examen. L'habitude des formules machinales, l'adoption sans contrôle des mots en vogue, le ralliement aveugle aux modes de la majorité doivent faire place aux revisions constantes d'une pensée réfléchie et personnelle. Cela, dans l'intérêt même des réformes sociales auxquelles aspire une humanité qui sur le chemin des paradis terrestres n'a plus que l'étoile de sa propre raison.

II

Telle est la tâche. Comment s'y prendre pour l'accomplir ?

L'esprit critique qui doit être celui d'un véritable libre penseur, c'est l'esprit d'examen, c'est-à-dire la défiance devant toute proposition qui s'affirme, le mouvement de premier soupçon devant tout fait qu'on cite, tout événement qu'on raconte, tout chiffre qu'on apporte, l'attitude opposée à la crédulité aveugle et à la routine bénévole.

Mais ce soupçon, cette défiance naissent dans l'esprit en même temps que s'acquiert l'expérience des aspects finis et variés de la vie. Et cette expérience elle-même se perfectionne ; nous acquérons la conviction que rien n'est simple ici-bas, à mesure que grandit le cercle de nos connaissances. Connaître, savoir, apprendre, regarder de tous ses yeux, écouter de toutes ses oreilles, c'est la seule manière de voyager à travers la vie si l'on veut arriver à l'esprit critique.

Les savants et les lettrés ont eu, dès leur plus tendre enfance, les loisirs d'une éducation qui leur a donné la clef des laboratoires et des bibliothèques. Mais l'homme du peuple ? Comment le doter du sens de l'observation et de la réflexion.

Les Universités populaires ont rêvé de mettre à la portée des foules l'équivalent, un diminutif du cycle d'études qui assure la culture de l'esprit aux fils de la bourgeoisie, à l'aide de résumés rapides des différentes sciences, par voie de conférences méthodiques et suivies, en tenant compte du peu d'heures que l'ouvrier peut consacrer à son instruction.

Or, l'expérience l'a démontré, l'apprenti, à peine échappe des bancs de l'école, peut bien revoir un an ou deux, dans les cours du soir, le programme des matières qui ont déjà fait l'objet de ses études primaires ; l'employé, dans les grandes villes, suivra bien un certain temps les cours publics de comptabilité élémentaire, voire même de langues étrangères ; le jeune paysan cherchera, un hiver ou deux, à obtenir le certificat de greffage ; efforts à terme, en vue d'un but déterminé, que s'imposent des cerveaux qui n'ont pas encore perdu leurs habitudes scolaires. Mais l'ouvrier, le travailleur manuel, mais un homme épuisé par une journée de dur labeur, a été vite reconnu incapable de déployer la puissance d'attention soutenue, journalière, que réclame l'étude méthodique, et suivie d'un sujet. Aussi, la plupart des Universités populaires — le mot révélait pourtant bien l'intention, — ont dû vite abandonner le projet d'être l'école supérieure du peuple. Les initiateurs ont dû borner leurs ambitions à disputer le prolétaire aux cabarets et les tentatives de culture démocratique se sont réduites aujourd'hui à emprunter aux music-halls leurs procédés de réclame en cherchant à piquer la curiosité du public par l'annonce de conférences dues aux étoiles de l'actualité politique ou aux noms en vedette de la science. Il en résulte que les programmes mensuels des seules Universités populaires qui ont conservé quelque vogue, présentent le plus affolant bariolage de sujets traités ; c'est un capharnaüm de récits de voyage, de vulgarisations scientifiques, d'économie sociale et de variétés littéraires, un bri-à-brac, un pêle-mêle de toutes les connaissances humaines où des souvenirs de théâtre voisinent avec un exposé d'expériences de psychiâtrie, où des anecdotes d'une exploration au pôle nord succèdent à une monographie parlée des œuvres d'assistance et de mutualité. La variété déconcertante des matières abordées fait penser à ces revues du mois qui tiennent au courant du mouvement général des idées les esprits de forte culture désireux de ne rester étrangers à rien de ce qui se passe dans le monde de la pensée. Or, dans les Universités populaires, il s'agirait, au contraire, de donner à des cultures rudimentaires les premières notions solides d'une instruction générale. Le procédé actuel ressemble donc étrangement à celui d'une nourrice qui pour former l'estomac d'un nouveau-né, abandonnerait l'alimentation lactée et servirait à l'enfant les plats les plus raffinés de toutes les cuisines nationales. La diarrhée serait le résultat le plus clair de cette étrange nourriture du premier âge. Il est certain pareillement que l'esprit des ouvriers ne retient rien de ce gavage indigeste de notions hétéroclites. Et, d'un autre côté, la condition économique des travailleurs accule l'enseignement oral à l'emploi exclusif de cette espèce de cinématographe des connaissances universelles, imposé en dernière ressource par une expérience pénible de bientôt dix années.

Ce n'est donc pas dans des salles de conférences qu'il faut espérer organiser pratiquement et efficacement, l'éducation

du peuple, au moins dans l'état économique actuel. On n'y
fera que récréer de temps à autre les esprits.

**

Heureusement, à côté de cette constatation un peu
déconcertante, l'observateur peut relever un autre fait :
c'est la fièvre de lectures à domicile, chez soi, au coin du
feu, sous la lampe de la veillée qui réunit l'hiver toute la
famille. Les statistiques de bibliothèques populaires en
font foi, et ici vous me permettrez d'apporter au besoin le
témoignage de ma propre expérience ; chaque jour, le
courrier apporte à l'œuvre de propagande dont je m'occupe,
l'appel venu de tous les coins de la France, des hameaux
les plus reculés, des villages même les plus réactionnaires,
et qui réclame, comme des affamés demandent du pain,
quelques-uns de ces journaux, de ces revues, de ces brochures et de ces livres que nous autres, les privilégiés des
grands centres, nous jetons si indifféremment au panier
ou que nous laissons dormir inutiles sous la poussière de
nos bibliothèques.

Le problème de la formation intellectuelle du peuple a
donc chance de se ramener pratiquement aux moyens de
répandre partout des lectures nombreuses et des lectures
appropriées, des lectures éducatives.

Et c'est ici que peuvent jouer un rôle efficace, les sociétés
de Libre Pensée. Jusqu'ici, sans doute, nous avons abon-
damment distribué des journaux et des tracts dans notre
lutte contre le cléricalisme. Mais maintenant qu'il s'agit
d'éducation plus que de conquête électorale et de polémique religieuse, l'emploi des anciens procédés de propagande doit revêtir d'abord une forme plus méthodique.

Le journal surtout ne suffit plus ; le journal est un outil
éducatif très médiocre ; son étude des faits contemporains
est superficielle, hâtive, toujours partiale. La presque tota-

lité des journaux étant la chose d'une exploitation commerciale, leur liberté d'opinion est forcément restreinte, leurs obligations envers une clientèle politique très étroites (1). Le journal, en résumé, est mieux fait pour susciter des mouvements d'opinion superficiels et momentanés que pour aider à l'évolution profonde des esprits.

Mais, à côté du journal, il peut y avoir la revue. D'un caractère plus sérieux, plus documentaire, se piquant de prétentions scientifiques, les revues exposent les faits plus impartialement ; leurs études plus développées sont mieux à même de dégager la philosophie des événements, en même temps qu'elles apprennent à lier ensemble les données éparses d'une question.

D'autre part, les revues ont un aspect intellectuel, surtout un morcellement d'intérêt, du fait de la multiplicité des sujets variés traités côte à côte et par fragments à suivre, qui effraient et déconcertent l'esprit peu cultivé. Il faut donc un autre instrument, un autre véhicule pour faire pénétrer les premières notions de critique dans les cerveaux qui en sont le plus dépourvus. C'est le rôle de la brochure.

Mais, à leur tour, les brochures isolées n'ont pas de portée générale, chácune est un regard étroit ouvert sur un seul coin de l'horizon. En les groupant systématiquement, au contraire, elles arrivent à fournir de très intéressantes encyclopédies, indicatives tout au moins des problèmes contemporains. Et elles servent, en tout cas, à faire l'apprentissage du livre.

Il y a ainsi tout un cycle de lectures qui, à domicile, peuvent être les éléments féconds d'une culture populaire véritable.

Et c'est naturellement aux groupes de Libre Pensée que

1. Emile Terquem. Monographie des *Journaux pour Tous* « Pages Libres. »

revient la tâche de centraliser à leur siège social les diverses formes que nous venons d'indiquer de la lecture et de l'éducation populaires, soit en multipliant les abonnements collectifs aux journaux et aux revues, soit en se fédérant pour assurer entre eux l'échange et la circulation indéfinie de bibliothèques, de brochures et de livres.

Par ailleurs, ces abonnements collectifs de groupements, cette fédération de bibliothèques circulantes, pourraient permettre aux organisations centrales de la Libre Pensée d'envisager l'autre face de ce problème de l'éducation par la lecture : la publication de journaux, de revues, de brochures et de livres d'une portée vraiment éducative, dans lesquels les faits seraient étudiés avec impartialité et les questions exposées de façon documentaire sous une forme qui resterait accessible à des esprits de culture encore embryonnaire.

En même temps que la circulation des lectures à établir, il y a encore toute une littérature à créer.

*
* *

En terminant, qu'on me permette de donner en exemple à l'Association nationale des Libres Penseurs une œuvre de propagande laïque et républicaine que je connais bien ; l'Office des *Journaux pour Tous* (1) qui essaye déjà de réaliser le programme que je viens d'exposer.

Les *Journaux pour Tous* sont nés en pleine affaire Dreyfus. Vous vous rappelez quelle consommation effroyable de journaux nous faisions tous pendant cette période de curiosité ardente où nous nous jetions sur les nouvelles comme des soldats en pleine mêlée se précipitent sur des caisses de munitions. Mais, ces journaux, nous ne les parcourions avec fièvre que pour les rejeter aussitôt, et

1. Siège social à Paris, 55, rue Saint-Jacques, V•.

passer à d'autres, vite dévorés eux-aussi et pareillement abandonnés.

La réflexion vint alors à un certain nombre d'universitaires qu'il était dommage de laisser ainsi se gaspiller des documents qui pouvaient apporter la lumière à des esprits dans l'impossibilité matérielle d'entendre la voix de la justice et de la vérité, et ils lancèrent l'idée d'envoyer ces quotidiens, une fois lus, en province, au fond des campagnes qu'inondait le flot de la presse nationaliste.

L'œuvre a survécu à la crise qui l'avait fait naître. Des républicains se sont dit qu'il était toujours d'une excellente propagande, d'une propagande toujours nécessaire, de faire servir ses propres journaux, au lieu de les jeter, à la pénétration des idées laïques dans les derniers fiefs de la réaction, au moins en ces villages où l'on est trop pauvre pour supporter les frais de l'abonnement à un quotidien et où l'on ne trouve chez le buraliste qu'un dépôt du *Petit Journal* ou du *Petit Parisien*.

Seulement, avec le temps, les J.P.T. ont agrandi le champ de leurs ambitions. Au lieu de faire simplement une œuvre politique au jour le jour, c'est toute une entreprise d'éducation populaire qu'ils ont tentée. Après les journaux, on a envoyé des revues, puis des brochures et enfin des livres, de véritables bibliothèques qui circulent de trois mois en trois mois, qui s'échangent d'un pays, d'un groupe à un autre pays, à un autre groupe, promenant ainsi à travers la France, faisant pénétrer jusque dans les moindres hameaux, les trésors de l'esprit humain, les chefs-d'œuvre de la pensée laïque.

L'économie des J. P. T. est donc très simple : fournir des lectures aux petits groupements sans ressources en demandant aux républicains privilégiés des villes, tous les éléments de vie intellectuelle qu'ils possèdent et qui ne leur servent plus. Le sacrifice, l'effort demandé à ces derniers est minime : mettre tous les deux ou trois jours à la poste les journaux qui ont été lus, après avoir écrit l'adresse d'un secrétaire d'Université populaire, d'un président de Cercle ou d'un fondateur d'Amicale de village ; faire de temps en temps, au moment des déménagements surtout, la revision de ses placards et de ses bibliothèques et envoyer au siège de l'œuvre toutes les brochures, toutes les anciennes revues, tous les livres qui embarrassent, qui encombrent et qui dorment, inutiles, sous la poussière.

Ce simple geste, cette infime dépense a pour résultat de créer le besoin de lire là où il n'existait pas, d'éveiller des cerveaux, de rendre curieuses des intelligences, jusque là habituées à suivre en somnolant, machinales, l'ornière des mauvais chemins de leur vie. Là où les esprits étaient déjà tout prêts, où les sillons étaient ouverts pour les semences de la pensée, ce geste de générosité intellectuelle vous fera partager les richesses de vos lectures avec des esprits affamés de savoir qui ne sont pas moins déshérités que le mendiant à qui vous donneriez un morceau de pain.

Pourquoi les membres de l'Association ne tenteraient-ils pas une propagande éducative de ce genre auprès de nos groupes moins fortunés de province ?

Georges Russacq

C'est sur ces excellents conseils, que s'est terminé le Congrès, vrai congrès d'étude dont les travaux seront une leçon et un exemple pour toutes les sociétés de Libre Pensée.

M. le Dr Larroussinie, qui présidait la fin de cette séance, félicita l'assemblée de l'ordre parfait des travaux et des discussions, et de la tâche accomplie par l'Association qui, pour des besoins nouveaux, tente une activité nouvelle.

Imprimerie BONVALOT-JOUVE, 15, rue Racine, Paris

ASSOCIATION NATIONALE
DES
LIBRES PENSEURS DE FRANCE

Fondateur : Marcelin BERTHELOT

SIÈGE SOCIAL :
Hôtel des Sociétés Savantes, 8, Rue Danton, PARIS-6ᵉ

En cas d'urgence, s'adresser au Secrétaire général
5, PLACE DE L'ODÉON, PARIS-6ᵉ

Fondateur :
Marcelin BERTHELOT

Présidents d'honneur :
Anatole FRANCE, de l'Académie Française;
Ferdinand BUISSON, Directeur honoraire de l'Enseignement primaire, Professeur à l'Université de Paris, Député de la Seine.

Président :
Charles BEAUQUIER, Député du Doubs.

Vice-Présidente d'honneur :
Mᵐᵉ Maria POGNON.

Vice-Présidents :
Maurice ALLARD, Député du Var ; **J.-L. BRETON**, Député du Cher ; **Mᵐᵉ le Dʳ EDWARDS-PILLIET**; **Gustave HUBBARD**, ancien Député, Avocat à la Cour d'Appel de Paris; **Marcel SEMBAT**, Député de la Seine; **Maurice VERNES**, Professeur au Collège de France, Directeur à l'École des Hautes-Études.

Secrétaire Général :
Victor CHARBONNEL, Directeur du Journal-Revue *La Raison*.

Secrétaires :
Dʳ LARROUSSINIE ; L. MARCOU ; A. VEIL, Mᵐᵉ THALAMAS.

Trésorier :
Maurice MEYER.

ADHÉSIONS
Minimum de Cotisation : 2 francs
(plus 1 fr. pour abonnement au Bulletin)

La cotisation a été fixée à 2 francs pour que nul ne soit empêché d'adhérer à l'Association. Mais cette somme représente à peine les frais d'écritures, de correspondance et de carte. Nous prions donc les libres penseurs de joindre à leur cotisation fixe de 2 francs une modique souscription libre.

Imp. BONVALOT-JOUVE, 15, Rue Racine, Paris